屈 娇◎著

数字经济赋能
新质生产力发展研究

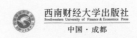
西南财经大学出版社
Southwestern University of Finance & Economics Press
中国·成都

图书在版编目(CIP)数据

数字经济赋能新质生产力发展研究/屈娇著.

成都:西南财经大学出版社,2024.10.--ISBN 978-7-5504-6410-0

Ⅰ.F120.2

中国国家版本馆 CIP 数据核字第 2024H3R790 号

数字经济赋能新质生产力发展研究

SHUZI JINGJI FUNENG XINZHI SHENGCHANLI FAZHAN YANJIU

屈娇 著

策划编辑:乔雷
责任编辑:乔雷
责任校对:余尧
封面设计:墨创文化 张姗姗
责任印制:朱曼丽

出版发行	西南财经大学出版社(四川省成都市光华村街 55 号)
网 址	http://cbs.swufe.edu.cn
电子邮件	bookcj@ swufe.edu.cn
邮政编码	610074
电 话	028-87353785
照 排	四川胜翔数码印务设计有限公司
印 刷	成都金龙印务有限责任公司
成品尺寸	170 mm×240 mm
印 张	12.25
字 数	204 千字
版 次	2024 年 10 月第 1 版
印 次	2024 年 10 月第 1 次印刷
书 号	ISBN 978-7-5504-6410-0
定 价	78.00 元

前言

2023 年 9 月，习近平总书记在黑龙江考察调研时，首次提出要"整合科技创新资源，引领发展战略性新兴产业和未来产业，加快形成新质生产力"。随后，习近平总书记围绕新质生产力作出一系列重要论述，强调"发展新质生产力是推动高质量发展的内在要求和重要着力点"。新质生产力是创新起主导作用，摆脱传统经济增长方式、生产力发展路径，具有高科技、高效能、高质量特征，符合新发展理念的先进生产力质态。数字经济是以数字技术为基础，通过互联网、大数据、人工智能等技术手段进行生产、交换和消费的经济形态，具有高度信息化、高度智能化、高效便捷等特征，推动传统经济向新经济转型。数字经济作为一种新的经济形态，其核心特征与新质生产力高度契合，成为推动新质生产力发展的重要引擎。

在理论部分，首先，本书通过对数字经济赋能新质生产力的理论探讨和实践分析，深入揭示数字经济赋能新质生产力发展的重要性、必要性及可行性；其次，本书通过系统介绍数字经济赋能新质生产力发展的时代背景、重要意义、历史渊源、理论渊源和基本内涵，为探讨数字经济赋能新质生产力发展提供重要理论基础；最后，本书深入剖析数字经济赋能新质生产力发展的逻辑理路，揭示数字经济通过颠覆性科学技术的突破、生产要素实现高效配置以及推动产业结构优化升级从而赋能新质生产力不断发展的内在机理。在实践研究部分，系统介绍和分析了我国长三角地区、珠三角地区、环渤海经济区、中西部地区的实践，以及美国、日本、韩国、欧盟等发展新质生产力的经验。在此基础上，本书深入解析了当前我国数字经济赋能新质生产力发展所面临的困境与挑战，并从基础设施搭建、科技创新体系完善、数实融合发展、全国统一大市场建设、人才培养、国际合作等方面为数字经济更好赋能新质生产力发展提供有益参考。

本书涉及马克思主义政治经济学、法学、管理学等多个领域，适合对数字经济与新质生产力发展感兴趣的读者阅读，可作为相关行政部门、企业、高校和科研机构等的管理者、学者、科研人员的参考用书。由于作者水平有限，书中疏漏和不足之处在所难免，敬请广大读者朋友批评指正。

屈娇

2024 年 8 月

目录

1 绪论

　　数字经济赋能新质生产力发展是极具划时代意义的研究课题。马克思主义认为，生产力是全部社会生活的物质前提，是推动社会进步的最活跃、最革命的因素，生产力标准是衡量社会发展的带有根本性的标准。坚定不移推动生产力发展并在此基础上不断提高人民生活水平，是我们党一切工作的根本出发点。当前，全球经济正处于数字化转型的关键时期，数字技术的飞速发展不仅改变了人们的生产生活方式，也对传统产业体系和经济结构带来了深刻影响。在此背景下，研究数字经济如何赋能新质生产力发展，有助于我们更好地理解和把握这一历史性的发展机遇。数字经济的发展有助于推动传统产业的升级和转型，提高生产力水平，有助于促进创新和创业，激发经济增长的新活力，有助于提高人民生活水平，促进社会公平和可持续发展。因此，分析数字经济赋能新质生产力发展这一前沿问题的研究缘由、意义、国内外研究综述，能够为后续理论研究和实践研究打好基础，提供较为合理的研究指导。

1.1　研究缘由及研究意义

1.1.1　研究缘由

　　2023 年 9 月，习近平总书记在黑龙江考察调研期间首次提出"新质生产力"这一重要概念。他强调："整合科技创新资源，引领发展战略性新兴产业和未来产业，加快形成新质生产力。"2024 年 1 月，二十届中央政治局第十一次集体学习时，总书记强调："发展新质生产力是推动高质量发展的内在要求和重要着力点，必须继续做好创新这篇大文章，推动新质生产力加快发展。"新质生产力这一概念的提出不仅是重大的理论创新，而且对推进中国式现代化发展具有重大理论意义和实践指导意义。因此，这一选题具有研究的重要性和必要性。在全球化的推动下，各国经济之间的联系日益紧密，资源和信息的流动更加自由，这为生产力的发展提供了新的机遇和挑战。世界百年未有之大变局加速演变，国际国内环境的严峻性、复杂性前所未有，新一轮科技革命和产业变革机遇期到来，科技创新越来越成为生产力发展和国际竞争的关键驱动，生产力的发展不再仅仅依赖资源的投入和数量的扩张，而是更加依赖技术的创新和效率的提升。在这一背景下，积极培育和发展新质生产力成为经济高质量增长的关键，新质生产力是提高创新能力，增强经济可持续高质量发展的核心动力。

数字经济是信息经济、网络经济、知识经济和智能经济的总称，它以数字化的知识和信息为关键生产因素，以数字技术创新为核心驱动力，以现代信息网络为重要载体，通过数字技术与实体经济深度融合，不断提高传统产业数字化、智能化水平。数字经济是加速重构经济发展与政府治理模式的新型经济形态。数字经济不仅是当前全球经济发展的趋势，也是推动生产力质量提升的关键力量，深入利用和把握数字经济发展趋势，是实现关键性、颠覆性技术突破，整合科技创新资源，引领和发展战略性新兴产业和未来产业的重要方式和关键抓手。在数字经济的助推和赋能下，新质生产力通过依托数字技术这一重要支撑，不断提升社会全要素生产率。因此，进一步深化对数字经济和新质生产力的机理研究，深入认识和把握其中的基础理论，厘清数字经济对新质生产力发展的赋能关系并提出有效的实践路径，对于利用数字经济助推新质生产力发展具有重要的理论意义和实践意义。

1.1.2 研究意义

数字经济赋能新质生产力发展的研究具有重要的理论意义和实践意义。

从理论层面来看，有利于进一步认识和把握数字经济与新质生产力的基本理论。通过对数字经济助推新质生产力相关理论进行研究，可以深入认识数字经济和新质生产力的发展的历史脉络、理论渊源，更加完善地理解数字经济和新质生产力的基本内涵、特征和重要意义，进一步把握两者之间的理论逻辑关系，这是本书的直接理论意义。此外，数字经济作为一种新兴的经济形态，对新质生产力的赋能作用研究不但涉及经济学、马克思主义理论、管理学等多学科理论知识，还涉及信息科学、社会学等跨学科的理论知识。因此，通过研究数字经济赋能新质生产力这一选题可以为多学科交叉研究提供思路和方向，推动不同学科之间的理论融会贯通，有助于提升大家对数字经济赋能新质生产力发展理论逻辑认识的理论水平。

从实践层面来看，认识的目的在于应用，对数字经济赋能新质生产力发展的理论研究最直接的目的在于有助于在实践中推动新质生产力的发展，为数字经济更好赋能新质生产力发展提供有益的参考和借鉴。本书可以为政府制定数字经济相关的政策提供科学依据，帮助政府更好地把握数字经济的发展趋势，制定出有利于新质生产力发展的基础政策，制定符合本地区实际的数字经济发展规划，抓住数字经济发展的重大机遇，推动经济向高质量发展。本书有助于企业找到数字经济时代下的新商业模式和增长点，通过技术创新、管理优化、资源整合等方式提高生产效率和产品质量，有助于推动企业的转型升级，实现从传统生产方式向现代化、智能化生产方式的转变，使企业更好地融入全球价值链，通过国际化的资源配置和市场拓展，提高企业的国际竞争力。综上所述，数字经济赋能新质生产力发展的研究不仅有助于深化对该领域理论的认识和把握，而且对于指导新质生产力发展实践具有重要的参考意义。

1.2 国内外研究现状

1.2.1 国内研究现状

关于新质生产力提出的时代背景、重要意义的研究。姚树洁等认为，新质生产力是为新时代突破生产力瓶颈、实现高质量发展的使命任务而生成的，是新时代背景下中国经济社会发展从传统要素驱动向创新驱动转型，提升生产效率和质量，促进经济增长持续健康发展，把握新工业革命浪潮，构筑新竞争优势、赢得发展主动权的题中应有之义。新质生产力的提出，丰富了马克思主义的生产力理论，揭示了科技赋能生产力跃升的时代命题，夯实了人类文明新形态构建的内生动力[①]。高帆认为，新质生产

[①] 姚树洁，张小倩. 新质生产力的时代内涵、战略价值与实现路径 [J]. 重庆大学学报（社会科学版），2024（1）：112-115.

力是基于我国经济发展取得的显著绩效以及对生产力发展规律的深刻认识，同时也是源于我国发展环境的深刻变化及其对生产力发展带来的新挑战。发展新质生产力为我国在实践中推进高质量发展、在理论中加快中国特色社会主义政治经济学构建提供了重要契机①。盖凯程等认为，新质生产力是在新一轮科技革命和产业变革机遇期，绿色循环低碳发展成为时代主流以及我国推进中国式现代化的大背景下形成的创新理论。发展新质生产力对于建设现代化强国，提升国际竞争力，加快经济高质量发展等具有重要意义②。

关于新质生产力的内涵、特征、类型等基本概念的研究。许恒兵认为，新质生产力是传统生产力的能级跃升，它以科技创新为根本驱动、以绿色发展为基本方向、以新兴产业为主要载体，实现了劳动者、劳动资料、劳动对象及其优化组合的跃升，带来全要素生产率大幅提升③。王勇认为，新质生产力的内涵是以科技创新驱动产业发展，建设现代化产业体系，形成先进生产力，"新"在新技术与新产业，"质"在高效能与高质量，其核心标志是全要素生产率的提高④。姜长云认为，新产业、新业态、新模式、新服务是发展新质生产力的产业载体，创新驱动、以人为本、绿色低碳、融合赋能和链网联动等是新质生产力发展的必然要求⑤。在新质生产力的特征方面，贾若祥等认为，新质生产力具有高科技、高效能、高质量的特征，是符合新发展理念的先进生产力质态⑥。胡莹等从四个角度对新质生产力的特征进行总结分析，认为新质生产力具有以脑力劳动者为主的主体特征、颠覆性创新驱动的技术特征、多要素渗透融合的结构特征、数智化和绿色化产业的形态特征⑦。在对新质生产力类型的考察方面，

① 高帆."新质生产力"的提出逻辑、多维内涵及时代意义 [J].政治经济学评论，2023，14 (6)：127-145.

② 盖凯程，韩文龙.新质生产力 [M].北京：中国社会科学出版社，2024：9-22.

③ 许恒兵.新质生产力：科学内涵、战略考量与理论贡献 [J].南京社会科学，2024 (3)：1-9.

④ 王勇.深刻把握新质生产力的内涵、特征及理论意蕴 [J].人民论坛，2024 (6)：8-10.

⑤ 姜长云.新质生产力的内涵要义、发展要求和发展重点 [J].西部论坛，2024，34 (2)：9-15.

⑥ 贾若祥，窦红涛.新质生产力：内涵特征重大意义及发展重点 [J].北京行政学院学报，2024 (2)：31-32.

⑦ 胡莹，方太坤.再论新质生产力的内涵特征与形成路径：以马克思生产力理论为视角 [J].浙江工商大学学报，2024 (2)：39-51.

蒋永穆等对新质生产力的类型进行界定和分类，认为新质生产力分为数字生产力、协作生产力、绿色生产力、蓝色生产力和开放生产力等，新质生产力之间是协调发展，相互促进，相辅相成的关系①。

不同领域发展新质生产力的相关研究。邓洲等对工业领域发展新质生产力进行了研究，认为就工业领域而言，生产力的进步有基于技术的革命性突破、通过生产要素重新配置改变生产关系、引发产业转型升级的历史逻辑。新质生产力的数据要素、颠覆式创新、绿色低碳转型、强溢出效应等鲜明特征共同构成了工业领域新质生产力的基本框架②。在文化领域方面，郭万超认为，文化作为人类创造性活动的结晶，深度嵌入其他社会结构，构成了新质生产力生成的精神动因；文化创新与科技创新二者互动是近代文明演进的重要方式，形成了催生新质生产力的核心动力③。体育发展方面，梁立启等认为，体育事业的发展离不开新质生产力，发展体育事业应依托科技创新驱动，对资源进行整合、转化和升级，推动体育事业向高科技、高质态、高效能、绿色可持续发展④。乡村振兴方面，王静华等认为，新质生产力可以通过科技创新，以数字经济为媒介传导至乡村产业系统，把绿色发展的辐射力以生产生活方式转变为抓手，传导至乡村生态系统，将生产要素创新配置的支撑力以要素分配为途径传导至乡村分配系统，最终实现农业强、农村美、农民富的目标⑤。

关于数字经济⑥相关概念、内涵、特征、作用研究。杨道涛认为，数字经济发展包括数字领域关键核心技术攻关，数字信息基础设施建设，数

① 蒋永穆，马文武. 新质生产力如何看？怎么办［M］. 北京：中国经济出版社，2024：58-60.

② 邓洲，吴海军，杨登宇. 加速工业领域新质生产力发展：历史、特征和路径［J］. 北京工业大学学报（社会科学版），2024（4）：107-117.

③ 郭万超. 论新质生产力生成的文化动因：构建新质生产力文化理论的基本框架［J］. 山东大学学报（哲学社会科学版），2024（4）：25-34.

④ 梁立启，陈琦. 体育新质生产力的理论向度与实践进路［J］. 广州体育学院学报，2024（4）：1-9，26.

⑤ 王静华，刘人境. 乡村振兴的新质生产力驱动逻辑及路径［J］. 深圳大学学报（人文社会科学版），2024，41（2）：16-24.

⑥ 数字经济是指以数字技术为核心，以数据为关键要素，以网络化、智能化、个性化为主要特征的经济形态。数字涵盖了电子商务、移动支付、人工智能、云计算、物联网等众多领域，为全球经济的发展带来了巨大的变革。数字经济在全球范围内的发展历程可以追溯到21世纪初。随着互联网技术的不断进步，电子商务逐渐兴起，为数字经济的发展奠定了基础。此后，随着移动支付、云计算、人工智能等技术的成熟，数字经济逐渐成为全球经济发展的重要引擎。

字产业化和产业数字化，培育数据要素市场，规范数字经济发展以及深度参与数字经济国际合作等方面，并认为中国数字经济发展为世界数字经济生态的打造做出了重要贡献①。欧阳日辉从层次论的角度对数字经济内涵进行分析，认为数字经济是数字及数字化产品和服务的生产、消费、分配、流通等经济活动的统称，分为新基础设施层、新生产要素层、新生态环境层、新实体经济层、新经济形态层②。

关于数字经济助推新质生产力发展的逻辑和路径方面的研究。蒋永穆等认为，数字技术能够通过提升劳动者技能和劳动效率，升级劳动资料并打造新的生产工具，以及通过拓展劳动对象领域提升生产效能，从而形成数字生产力，实现生产力的能级跃升。此外，产业数字化和数字产业化也可以释放数字生产力，发展战略性新兴产业和未来产业可以充分发挥数字生产力对经济的带动作用③。盖凯程等认为，数字经济是新质生产力的时代背景和重要表现，数据、算法和算力三重生产力要素变革以新要素、新动力、新方法助推新质生产力的形成，三大核心要素共同构成未来信息时代的关键支柱。他们还认为，数字技术是形成新质生产力的重要支撑，包括从数据生成到数据处理的大数据产业，数据的采集和运输，算法的精进和使用，如工业互联网、区块链和人工智能等④。

在推动路径的研究方面，周文等认为，未来要结合经济发展的具体情况，以数字经济高质量发展加快培育新质生产力，通过市场与政府有机结合协同提高数字创新能力、数实融合加快推进新兴产业与未来产业、培育创新型人才打造新型劳动者队伍⑤。翟绪权等从微观、中观、宏观三个层面对数字经济赋能新质生产力发展提供推动路径，包括从宏观创新政策制定基础，在中观层面构筑国民共进创新格局，进而在微观层面面向现代化加快全产业链数字化发展，最终推动新质生产力的发展和形成⑥。

① 杨道涛.全面把握数字经济的丰富内涵与实践价值 [J].江苏社会科学，2023（4）：114-121.

② 欧阳日辉.数字经济的理论演进、内涵特征和发展规律 [J].广东社会科学，2023（1）：25-35.

③ 蒋永穆，马文武.新质生产力如何看？怎么办 [M].北京：中国经济出版社，2024：70-75.

④ 盖凯程，韩文龙.新质生产力 [M].北京：中国社会科学出版社，2024：100-106.

⑤ 周文，叶蕾.新质生产力与数字经济 [J].浙江工商大学学报，2024（2）：17-28.

⑥ 翟绪权，夏鑫雨.数字经济加快形成新质生产力的机制构成与实践路径 [J].福建师范大学学报（哲学社会科学版），2024（1）：44-55.

1.2.2 国外研究现状

国外学者对数字经济的概念的梳理和研究。美国学者 Beomsoo Kim 认为，数字经济的本质是"商品和服务以信息化形式进行交易"，强调了信息技术在提高经济效率和质量方面的重要作用。Bo Carlsson 认为，数字经济比传统经济更关注新形式的产品和行为，把数字经济称之为"新经济"。他还认为，新经济或数字经济的核心在于其动态性，而不仅仅是静态的效率。经济合作与发展组织（OECD）认为，数字经济是一个由数字技术驱动的，在经济社会领域发生持续数字化转型的生态系统，该系统至少包括大数据、物联网、人工智能和区块链。美国经济分析局认为，数字经济由三部分构成，一是与计算机网络运行相关的数字化基础设施，二是基于网络实现商业往来的电子商务业务，三是由数字经济使用者创造和使用的数字媒体。英国议会下议院将数字经济视为以数字化形式交易商品和服务的经济形态。

国外学者对数字经济及相关技术或服务能否显著提高经济效率的研究。Rouben Indjikian 和 Donald Siegel 回顾了信息技术对发达国家和发展中国家经济绩效影响的定量和定性研究，并认为发达国家的信息技术与经济绩效之间存在着很强的正相关关系，同时信息技术也能够导致劳动力结构和组织结构发生变化。Corral 发现电信行业的发展促进了英国整体经济和大多数部门生产率的提高。Robin Sickles 探讨了信息和通信技术对土耳其制造业劳动生产率增长的影响，同时基于静态和动态面板数据分析的结果，证明投资于信息和通信技术资本能够通过提高劳动生产率来提高企业整体生产率。

数字技术对供应链和经济韧性作用影响的研究。如 Hazen 等认为，数字技术水平的不断成熟促进了供应链的可持续发展[1]。Ashmore 等发现数字技术的开发和数字资源的使用可以提高经济韧性[2]。Sitinjak 等认为，数字

---

① HAZEN B T, SKIPPER J B, EZELL J D, et al. Big data and predictive analytics for supply chain sustainability: A theory-driven research agenda [J]. Computers & industrial engineering, 2016 (11): 592-598.

② ASHMORE F H, FARRIMGTON J H, SKERRATT S. Community-led broadband in rural digital infrastructure development: Implications for resilience [J]. Journal of rural studies, 2017 (54): 408-425.

技术可以通过改善政府服务来增强经济的抵抗力①。

1.2.3 现有研究的分析评价

上述成果是关于数字经济和新质生产力相关领域研究成果，具有重要的学术价值和现实意义，为本书提供了重要学术基础和前期研究基础。但是，关于数字经济赋能新质生产力的研究成果目前还并不完善，更没有形成完备的理论体系，因此具有很大的理论研究和实践研究空间。从上述研究现状可以看出，目前学界的研究主要集中在从单一视角研究数字经济，或者研究新质生产力，或单纯从经济学、马克思主义理论方面进行研究，不但缺乏多层面、全系统的理论研究，更重要的是，对数字经济助推新质生产力发展的逻辑关系和实践向度研究较少，整体上缺乏从不同层面、多视角对数字经济赋能新质生产力发展的较为全面的研究，缺乏系统性、整体性。综上，现有研究成果为本书提供了以下研究空间和突破方向：拓展研究的时空范围，对新质生产力发展的历史渊源进行研究和分析；进一步厘清生产力"新质化"发展的历史脉络和演变过程，为后续理论研究提供重要的理论基础。进一步厘清研究对象的逻辑关系，在数字经济发展的大背景下，认识数字技术、数字生产力与新质生产力的逻辑关系，深化对数字经济以及数字经济赋能新质生产力发展的逻辑研究，深刻把握其中的逻辑关系，对于利用数字经济这一重要方式培育和发展新质生产力，提出有效的推进路径具有重要意义。

1.3 本书研究思路、结构安排及研究方法

1.3.1 研究思路和结构安排

首先，从历史角度对生产力新质化的历史脉络进行阐述和总结，然后对新质生产力发展的时代背景和重要意义进行分析。其次，系统梳理、总结和分析新质生产力的理论渊源，不仅从马克思主义理论视角、中国生产

---

① SITIMJAK E, MEIDITYAWATI B, ICHWAN R, et al. Enhancing Urban Resilience through Technology and Social Media: Case Study of Urban Jakarta [J]. Procedia Engineering, 2018 (212): 222-229.

力相关理论思想角度进行分析和阐述，而且引入西方政治经济学理论进行综合分析，结合多种理论视角对新质生产力的理论进行深入剖析，从而全面系统地阐释新质生产力的本质内涵、基本特征和类型。最后，在上述历史和理论分析的基础上，进一步深入分析数字经济赋能新质生产力发展的逻辑理路，阐述数字经济的基本内涵与作用，对数字经济助推新质生产力发展的内在逻辑进行分析，包括从重要支撑、发展动力、发展方向和发展平台四个方面深入解析两者之间的逻辑关系。

除了理论研究外，本书还将结合数字经济赋能新质生产力发展的国内外实践和典型案例进一步说明数字经济对发展新质生产力的重要作用，通过对国内不同城市实践经验的总结，以及对国外典型案例经验的借鉴，为后续研究和提出数字经济赋能新质生产力发展的实践路径奠定理论和实践基础。本书为数字经济赋能新质生产力提出了具有一定参考价值的路径和对策，包括从平台的搭建、人才的培养、数实融合协作发展、打造国际数字经济生态等方面具体阐述，希望对这方面问题的研究提供有益参考。

1.3.2　研究方法

以问题为导向综合运用多学科交叉研究方法。问题意识是进行学术研究的重要指向，理论资源和研究方法最终应更好服务学术问题的研究。本书以数字经济赋能新质生产力为指向，综合运用马克思主义理论、经济学、历史学、管理学等多学科理论进行交叉研究。利用历史学的知识能够充分厘清生产力新质化的文明发展脉络，利用马克思主义理论相关知识能够精确和细致分析新质生产力的理论渊源，利用经济学相关知识能够深入解析数字经济与助推新质生产力的经济学逻辑，因此，本书充分发挥各学科优势，结合多学科的理论和方法，发挥不同的理论学科的优势全面探析，为以数字经济赋能新质生产力发展提供有力的理论支撑以及路径支撑。

宏观理论阐述与微观案例剖析相结合。学术研究不能脱离宏观考察和微观研究，只有将两者紧密结合，才能既具有学术理论高度，又具备实践参考借鉴意义。数字经济以及新质生产的选题具有重要的理论意义和现实意义，因而本书认为，数字经济赋能新质生产力发展研究应该坚持宏观理论论述与微观案例探讨相结合。本书立足宏观角度，从整体上考察数字经济和新质生产力的历史过程、理论内涵探寻数字经济赋能新质生产力的必要性及两者之间的逻辑关系，在理论层面形成对数字经济赋能新质生产力发展的总体认识和科学把握。从微观层面讲，本书通过对数字经济助推新质生产力发展的典型案例进行深入剖析，把宏观的理论认识和判断落到实处，对研究对象的认识更加细致和具体，为路径观点的提出提供可靠参考。

2 数字经济赋能新质生产力发展的基本理论问题

数字经济赋能新质生产力发展不是一蹴而就的，而是有着深厚的历史渊源和理论基础。随着经济社会的不断发展，人们对生产力发展规律的认识不断加深，认识和明确新质生产力和数字经济的相关发展历程、基础概念、特征有助于我们更好把握数字经济赋能新质生产力发展的本质问题，更好地理解影响数字经济助推新质生产力发展的各个要素、不同维度的具体影响，这是理解数字经济赋能机制的关键内容。同时，对相关理论内涵的研究和探讨有助于我们预见或应对未来数字经济发展带来的困境和挑战，从而为其提供较为合理的完善路径。因此，研究数字经济赋能新质生产力发展的基本理论问题，旨在为后续的研究和实践提供一个坚实的理论基础和清晰的分析框架。

2.1 数字经济赋能新质生产力发展的时代背景

2.1.1 数字技术引领人类社会发展时代的到来

数字技术时代是以计算机技术、互联网技术、通信技术、大数据技术、人工智能技术等为代表的信息技术快速发展和广泛应用的时期。人类生产力在这一时代逐渐发生了巨大变化，主要表现在信息技术的数字化、网络化、智能化方面，以及这些技术在新领域、新产业上的深入融合和广泛应用。早在1982年，美国未来学家和经济学家约翰·奈斯比特就认为人类社会早已进入由信息技术引领的新时代①。1998 年，丹尼尔·伯斯坦等提出数字革命后人类进入新的时代，这个时代将带来生产效率的巨大提高，将会改变人类的工作、技能和利益格局②。2021 年，马修·斯劳特和大卫·麦考米克提出，人类已全面进入数字经济时代，数据成为数字经济的核心基础，其对国际政治的影响也愈发明显。随着数字时代的到来，我国学者也对数字技术进行了不同维度的研究，王天夫认为，数字时代的信息通信技术革命性地改变了人与人之间相互连接与互动交流的方式，在很大程度上改变了人们的生产与生活，带来了根本性的社会变迁③。江小涓提出，数字技术导致人们的文化消费结构、生产结构、市场结构和国内外比例结构等都发生了显著变化④。

总之，数字技术时代的到来将会带来生产力的能级跃升，数字经济时代是培育和发展新质生产力的时代，数字技术将提高生产效率，通过自动化和智能化生产，实现更快速、更精确的生产过程，极大提升生产力。在这一背景下，只有不断培育和发展新质生产力，才能在建设社会主义现代化强国的过程中紧紧抓住发展机遇期，实现科技自立自强，才能最终实现高质量发展，为现代化强国目标的实现奠定坚实基础。

2.1.2 新一轮科技革命和产业变革机遇期

当今世界百年未有之大变局加速演进，在全球化、信息化、知识化和城市化加速发展的背景下，以新一代信息技术、生物技术、新能源技术、新材料技术等为代表的技术创新和产业转型，正在引发一场深刻的科技革命和产业变革。这场革命和变革将重塑全球产业链、供应链、价值链和创新链，对世界经济格局、国际竞争格局和人类社会发展产生深远影响⑤。在这一背景下，新质生产力的提出和发展不但是顺应时代变化的战略选择，更是有利于我国在这一机遇期把握经济发展机遇，实现经济高质量增长的战略选择。

① 奈斯比特.大趋势：改变我们生活的十个趋势 [M].孙道章，译.北京：新华出版社，1984：14-15.

② 伯斯坦，克莱恩.征服世界 数字化时代的现实与未来 [M].吕传俊，译.北京：作家出版社，1998：290-293.

③ 王天夫.数字时代的社会变迁与社会研究 [J].中国社会科学，2021 (12)：73-88.

④ 江小涓.数字时代的技术与文化 [J].中国社会科学，2021 (8)：4-34.

⑤ 曲永义.把握科技革命和产业变革机遇的战略选择 [N].经济日报，2023-10-24 (10).

新一轮科技革命和产业变革机遇期具有以下特征：第一，需要多领域技术融合发展。新一轮科技革命和产业变革不再是单一技术的突破，而是多领域技术的交叉融合。人工智能、大数据、物联网、云计算等新一代信息技术相互促进，共同推动产业升级和创新发展。生物技术、新能源技术、新材料技术等的相互融合，能够为解决全球性挑战提供创新方案。第二，科技创新的质量和速度明显加快。在新的科技革命和产业变革中，创新速度不断加快，技术生命周期缩短。以互联网、移动通信等为代表的信息技术发展迅速，新产品、新模式、新业态层出不穷，科技创新已成为驱动经济增长的重要引擎，成为推动社会进步的核心动力。科技创新成果应用于实践过程中能够推动生产力诸要素转化为实际生产力，从而引起生产力的深刻变革和发展。第三，不同领域产业实现跨界融合。与传统经济发展模式不同，在数字经济时代下，产业发展边界逐渐模糊，不同产业融合发展成为主流。如汽车产业与新能源、人工智能、物联网等技术融合，催生出智能网联汽车、自动驾驶等新兴产业。第四，数字化转型成为关键驱动力。在新一轮科技革命和产业变革中，无论是政府，还是企业、社会等领域都将逐步实现数字化，通过大数据、人工智能等高新技术提高管理效率、运营效率，优化资源配置，提升用户体验等。

为抓住新一轮科技革命和产业变革机遇期，世界主要经济体积极出台了各项政策，以顺应和把握这一趋势的发展，从而推动本国经济持续发展。1998 年，美国商务部发布《浮现中的数字经济》报告，明确数字经济已经成为美国经济持续增长的核心动力。2022—2023 年，美国数字经济持续高速增长，其中以人工智能（AI）和机器学习（ML）技术的发展为代表，英伟达、特斯拉、微软、谷歌、苹果等企业在这一时期持续高速增长，强化了美国在全球数字经济领域的领先地位。欧盟为发展数字经济出台了多项政策和战略，出台了《2023—2024 年数字欧洲工作计划》，旨在提升数据与计算能力。欧盟同时加大资金投入，用于改善云服务安全性、创设人工智能实验及测试设施，以及提升各个领域的数据共享水平。另外，欧盟还出台了《2030 年数字十年政策方案》，计划在 2030 年前实现欧洲数字化转型。这些政策和战略旨在系统提升欧盟在数字经济领域关键竞争力。日本早在 21 世纪早期就制定了《e-Japan 战略》，着力推动数字技术融入日本社会、经济与政务活动。2021 年 6 月，日本宣布了国家数据战略（NDS），旨在建立数字社会。同时，日本在数字领域与多国建立了合作关系，包括美国、欧盟和一些亚洲国家，以促进数据跨境自由流动和增强消费者及企业的信心。

改革开放以来，我国产业技术的发展一度陷入"引进—落后—引进"的恶性循环，技术发展依赖发达国家科技成果。新时代以来，我们提出科技强国战略思想，不断提升科技创新能力，不断解决科学技术领域的堵点、卡点，力图借助新一轮科技革命和产业变革机遇期，不断增强科技创新能力，不断成为关键科技领域的领军者和新兴领域的开拓者[①]。2015年，我国提出了"互联网+"行动计划，通过互联网技术推动传统产业的转型升级，有效推动电子商务、在线教育、远程医疗、智能制造等新业态的发展。2018年，我国提出数字中国建设，强调要加强信息基础设施建设，包括宽带网络、大数据中心、物联网等新型基础设施的建设。2020年，中国政府提出加快新型基础设施建设，即"新基建"，包括5G网络、人工智能、工业互联网、物联网等，这为新质生产力的发展奠定了坚实基础。"十四五"规划提出，要推动数字经济和实体经济深度融合，加快数字社会建设等。2024年1月，《"数据要素x"三年行动计划（2024—2026年）》的发布，旨在推动数据要素与劳动力、资本等要素协同，以数据流引领技术流、资金流等，提高全要素生产率。根据《中国数字经济发展研究报告（2023年）》，我国在数字经济上取得了显著成效。2022年，数字经济规模达到了50.2万亿元，同比增长10.3%，数字经济在GDP中的比重达到了41.5%。我国数字经济全要素生产率为1.75，这一比例说明数字经济生产率水平及其同比增长幅度都显著高于整体国民经济生产效率，对国民经济生产效率的提升起到了重要支撑作用。

综上可以看出，新一轮科技革命和产业变革为数字经济赋能新质生产力发展提供了重要的发展空间和市场。因此，我们只有抓住这一机遇期，不断提高科技创新能力和质量，才能有力突破数字领域关键核心技术、加快产业数字化转型，推动数实有效融合，构建和完善我国的现代化产业体系，实现经济高质量增长。同时，数字经济赋能新质生产力发展也有助于提升我国的国际竞争力，为参与和引领全球经济治理贡献中国智慧。

---

① 李政，廖晓东.发展新质生产力的理论、历史和现实三重逻辑［J］.政治经济学评论，2023（6）：146-159.

2.1.3 绿色可持续发展的时代要求

随着全球人口膨胀和经济的国际化扩展，对自然资源的需求持续上升，导致各国在追求经济发展的同时面临着资源限制的突出问题。在这样的发展背景下，我国作为世界上拥有超大人口规模的发展中国家，在推动经济持续健康发展过程中同时面临着巨大的资源和环境压力。改革开放几十年来，传统的高消耗粗放型经济在很大程度上是以资源消耗和环境污染为代价的，随着经济总量的不断扩大，资源和环境容量问题逐渐凸显，对经济发展的可持续性构成了严重挑战和威胁。高消耗的粗放型经济增长方式不仅导致了资源的枯竭，也对生态环境和发展环境造成了不可逆的损害，制约了经济的高质量发展。

因此，我国迫切需要转变经济发展方式，以数字经济赋能新质生产力发展。新质生产力是以创新为核心，以知识和技术为支撑，以绿色低碳为特征的生产力，如通过引入清洁生产技术，改造传统产业的生产工艺，减少生产过程中的能源消耗和污染物排放。在数字经济时代，通过引入信息化、智能化技术，可以提升生产效率和产品质量，降低生产成本；通过引入循环经济理念，可以推动产业废弃物的资源化利用，实现产业的绿色发展。从而，不断提升资源利用效率，减少生态环境污染，实现经济社会的可持续发展。

数字经济时代，培育和发展新质生产力是推动生态文明建设，确保经济健康可持续发展的重要支撑。全球范围内，对绿色、低碳发展的追求已成为一种趋势。新加坡公布了2030年的绿色发展蓝图，旨在推动城市绿化、可持续生活和绿色经济。欧盟把推动绿色转型作为经济复苏计划的核心内容之一，在2020年制订的经济复苏计划中，超过37%的资金被投入与绿色转型目标直接相关的领域①。2023年，我国出台的《新时代的中国绿色发展》提到，要推动经济社会全面绿色转型，建设人与自然和谐共生的现代化，这体现了我国对生态环境保护以及经济绿色发展的高度重视。在推进生态文明建设过程中，我国提出了一系列优化国土空间开发保护格局、强化生态系统保护修复、推动重点区域绿色发展的措施。2020年9月，我国提出了"双碳"目标，要求在2030年实现碳达峰和2060年实

---

① 刘玲玲，沈小晓，颜欢. 全球绿色产业加速发展 [N]. 人民日报，2022-03-02 (15).

现碳中和目标，旨在降低温室气体排放，促进能源结构转型，实现经济社会的长期健康和可持续发展。除此之外，我国在推动全球可持续发展方面扮演着重要角色，积极参与国际气候治理和环境保护合作。

数字经济时代，培育和发展新质生产力是绿色发展理念的集中体现。新质生产力所推崇的智能化与网络化能够显著提升资源利用效率，对产业结构进行深度调整和优化，逐步淘汰那些污染严重和排放高的产业，同时推动低碳环保产业的发展，进而促进整个产业结构的优化与升级。此外，作为新质生产力的重要体现，低碳技术的广泛运用与绿色、循环、低碳的发展理念相得益彰，共同构成了应对资源紧张和环境污染问题的有效策略。传统的工业化模式，其高消耗和高污染的弊端日益显著，而转向以高科技为支撑、低碳环保为特征的新质生产力，已经成为摆脱传统发展模式，实现绿色发展、循环发展和低碳发展的必由之路。这种转型不仅是对传统工业文明的一种超越，也预示着中国式现代化道路将更加坚实和可持续。

新质生产力的发展不仅依赖科技创新，而且与数字经济的融合日益紧密。通过数字技术的应用，生产效率得到显著提升，资源消耗和环境污染也得以降低，从而推动经济向可持续发展转型。清洁能源技术和循环经济模式，结合数字技术的智能化、高效化特点，为达到碳达峰和碳中和目标提供了强有力的技术支持，这些技术和模式的融合应用，不仅能够推动各行业向低碳、清洁、可再生的方向转型，而且为实施"双碳"战略提供了直接支撑。数字经济的发展，可以促进信息共享、优化资源配置、提高管理效率，有助于更好地构建社会主义生态文明，实现经济、社会和环境的和谐共生。

2.1.4 数字化转型需要

随着信息技术的飞速发展，大数据、云计算、人工智能等数字技术逐渐深入各行各业，推动着传统产业的变革与升级。数字化转型不仅是产业发展的压力，更是前所未有的机遇。数字技术的融合应用已经成为产业升级和效率提升的关键，数字化转型已经成为传统产业发展的必然趋势。数字化转型是应对市场竞争压力的必然选择。在全球化背景下，传统产业面临着来自国际市场的激烈竞争，通过数字化转型，企业可以优化资源配置，提高生产效率，降低成本，从而提升竞争力。同时，数字化转型还可以帮助企业拓展新的市场空间，开发新的客户群体，实现业务的多元化发展。数字化转型还是满足消费者需求的必要手段。随着消费升级，消费者对产品质量、服务体验等方面的要求越来越高，数字化转型可以帮助企业更好地了解消费者需求，提供个性化、差异化的产品和服务，提升消费者满意度。

通过大数据分析，企业可以精准把握消费者喜好，实现精准营销和个性化推荐。数字化转型更是推动产业升级的关键途径。数字技术的融合应用可以改变传统产业的研发、生产、销售等环节，实现产业结构的优化和升级。通过智能化改造，企业可以实现生产过程的自动化、智能化，提高生产效率和产品质量。同时，数字化转型还可以推动产业向高附加值、高技术含量的方向发展，提升产业的整体竞争力。数字化转型还可以提高企业的创新能力。数字技术的快速发展为企业提供了丰富的创新资源，通过数字化转型，企业可以更加便捷地获取各类信息，开展跨界合作，推动商业模式创新，共享经济、平台经济等新兴业态的兴起，正是数字化转型带来的创新成果。

2.2 数字经济赋能新质生产力发展的重要意义

2.2.1 有助于实现我国经济高质量发展，构建新发展格局

经济高质量发展是在新发展理念指导下以科技自立自强为战略先导，通过结构性改革，转变发展方式，优化经济结构，转换增长动力，实现从规模速度型增长转向质量效益型增长。经济高质量发展包括提高全要素生产率，推动产业升级，增强科技创新能力，改善生态环境，促进区域协调发展，深化改革开放，以及提高人民生活水平和社会福祉。经济高质量发展的核心不仅仅是经济增长的速度，更注重经济发展的内在质量、效率和动力，目的是构建现代化经济体系，最终实现经济社会的可持续发展。加快发展新质生产力与推动经济高质量发展在目标、路径和载体上具有高度一致性，新质生产力不断发展的过程必然是高质量发展向纵深推进的过程[①]。

---

① 贾若祥，窦红涛. 新质生产力：内涵特征、重大意义及发展重点 [J]. 北京行政学院学报，2024（2）：31-42.

当今世界正处于百年未有之大变局，国内外环境复杂且多变，科技创新成为这一时期大国经济发展竞争的核心点。新质生产力作为以创新为核心驱动的新型生产力质态，其本质就是不断进行科技创新，加速大数据、云计算、人工智能等前沿技术的理论创新和技术转化应用。新质生产力的发展能够为我国赢得发展主动权，通过技术革新打造发展新引擎的战略决策得到稳固的支持，为我国科技创新发展，以及经济发展实现"变道超车"提供更多可能，是我国经济高质量发展的核心驱动力。

以数字经济赋能新质生产力发展有助于新发展格局的构建。新发展格局是我国为应对国内外发展环境变化而提出的一种战略调整，旨在通过更高水平的对外开放，实现更高质量、更可持续的发展①。其核心是"双循环"发展模式：一是要构建以国内大循环为主体的经济体系，这意味着将发展的重心更多放在国内市场，依托国内市场的巨大潜力，推动经济自主发展。二是要形成国内国际双循环相互促进的新发展格局，即在强化国内循环的同时，也注重对外开放和国际合作，利用国际市场和资源来丰富和补充国内发展。数字经济助推新质生产力发展，不但可以通过拉动内需，推动形成国内大循环，而且有助于外循环的高质量发展。数字技术通过信息流动和资源共享，打破了地域限制，使得产品和服务能够更便捷地触达偏远地区，拓展了内需市场。数字经济催生了新的商业模式和就业机会，如电子商务、在线教育、远程办公等，进一步刺激了内需。跨境电商平台的兴起，为国内企业提供了直接触达国际市场的新渠道，帮助企业拓展海外业务，增加出口。同时，不能忽视的是数字基础设施如5G、物联网的国际化布局，为全球供应链管理提供了技术支持，有利于提高资源配置效率，从而构建高质量的外循环。

2.2.2 有助于促进我国创新驱动发展

新质生产力的发展是我国经济社会发展的关键动力，而创新驱动发展是其核心。新质生产力的发展依赖于科技创新和管理创新，有助于推动我国经济从要素驱动向创新驱动转变，实现可持续发展。随着科技的飞速发展，新技术、新材料、新工艺不断涌现，为生产力的发展提供了强大的支持。大数据、人工智能、物联网等新技术的发展，使得生产力得到了极大

---

① 李三希，武玙璠，李嘉琦. 数字经济与中国式现代化：时代意义、机遇挑战与路径探索[J]. 经济评论，2023（2）：3-14.

的提升。以人工智能为例，根据艾瑞咨询的数据，2019 年我国人工智能市场规模达到 531.9 亿元，同比增长 33.3%。预计到 2025 年，我国人工智能市场规模将达到 2 260 亿元。人工智能的发展不仅可以提高生产效率，还可以推动产业升级，促进新兴产业的发展。此外，科技创新还可以推动传统产业的转型升级。以智能制造为例，根据前瞻产业研究院的数据，2018 年我国智能制造市场规模达到 1.95 万亿元，同比增长 18.5%。预计到 2026 年，我国智能制造市场规模将达到 5.8 万亿元。智能制造的发展不仅可以提高生产效率，还可以提升产品质量，增强企业的竞争力。

数字经济赋能新质生产力发展，有助于促进管理方式和管理模式的创新。管理创新可以提高企业的运营效率，降低成本，提升企业的竞争力。根据罗兰贝格的数据，通过供应链管理创新，企业的库存成本可以降低 20%~30%，订单响应时间可以缩短 50%。此外，人力资源管理创新可以激发员工的创新能力和工作积极性，提高企业的创新能力。通过人力资源管理创新，企业的员工满意度可以提高 20%，员工的创新能力可以提高 30%。管理创新还可以推动企业的商业模式创新，开拓新的市场空间。总之，新质生产力的发展依赖于科技创新和管理创新，有助于推动我国经济从要素驱动向创新驱动转变，实现可持续发展。

2.2.3 有助于提升和重塑我国的国际竞争力

历史和实践反复证明，科技的发展和创新是推动国家繁荣和国际地位提升的关键因素。在人类历史的长河中，那些能够率先掌握颠覆性技术和新兴产业的民族和国家，往往能够在激烈的国际竞争中脱颖而出，获得新的优势，从而引领世界的发展潮流。当前，我们正处在新一轮科技革命的起点，这一轮革命以其前所未有的速度和深度，不断推动新技术、新场景和新业态的涌现。科技，作为推动社会进步的第一生产力，其在国际竞争中的地位愈发显得重要。从历史上看，每一次科技革命的浪潮中，那些通过主动推进相关产业发展并掌握尖端核心技术的国家，都赢得了显著的全球影响力和话语权，成为国际产业链分工的领导者[1]。在第一次工业革命期间，英国借助蒸汽机的普及，大规模拓展了相关工业部门，如纺织机械、铁路和蒸汽船等，稳固地掌握了机械化制造的主导权，因此被誉为

---

① 盖凯程，韩文龙. 新质生产力 [M]. 北京：中国社会科学出版社，2024：19-22.

"世界工厂",并助力英国确立了全球霸权的地位。到了第二次工业革命阶段,美国等国家通过对电力、石油、化工和汽车工业的巨额投资,成为第二次工业革命的最大赢家,进而成为全球经济的风向标,成为世界强国。可以看出,先进的生产力是一国能否获得国际话语权和影响力,深度参与国际分工的核心要素。

数字经济赋能新质生产力发展能够使我国积极参与到现有经济的国际治理中,赢得更多国际话语权,提升我国的国际竞争力。在新一轮产业革命和科技革命变革的重要时期,科技成为国际竞争的第一生产力。一直以来,为了从根本上遏制我国的经济发展,西方资本主义国家采取了一系列措施来限制我国的科技发展和国际合作,对我国高新企业进行技术封锁和市场准入限制,禁止向我国出口半导体芯片和相关技术,使我国国际竞争面临空前压力。我们只有不断培育和发展新质生产力,加强自主创新,实现科技自立自强,才能在西方国家的科技围堵中破围而出,不断增强综合国力和国际竞争力。

新质生产力发展的核心是科技创新,近年来,我国自主创新能力的不断增强,根据世界银行数据,2019 年我国研发支出达到 2.24 万亿元,占GDP 比重达到 2.24%,位居世界前列。因此,我国在人工智能、5G 通信、新能源汽车等领域实现了重要突破,参与和引领这些领域市场规则和技术规则制定,取得了重要的国际话语权,为我国企业赢得了重要国际竞争优势。此外,数字经济赋能新质生产力发展,使我国从"世界工厂"转向"世界市场"。新质生产力的发展使我国正从以制造业为主导的全球生产中心,转变为全球消费和技术创新的重要市场,2024 年 7 月底,我国 5G 基站建设超过 399.6 万个,位居全球首位,为全球市场提供了技术和设备支持,使我国在多边和双边贸易往来中占据更主导的地位。总之,新质生产力的发展能够使我国实现创新驱动、产业转型升级以及未来产业的提前布局,从而引领和参与全球经济治理,赢得更多国际话语权,提升国际竞争力。

2.2.4 有助于满足人民日益增长的美好生活的需求

当前我国社会的主要矛盾是人民日益增长的美好生活需要和不平衡不充分的发展之间的矛盾。随着经济社会的持续发展,人民对生活质量、生活方式、工作内容、购买的产品质量和效能、产品功能和个性化要求、文化生活、精神文明以及生态文明方面的要求越来越高，这就对我国科技发展水平和工业体系的发展提出了更高要求。然而，同发达国家相比，尽管我国已成为全球制造业大国，但在高精尖产品的制造领域，如高端医疗设备等，我国仍然依赖进口，缺乏核心技术和自主知识产权，我国在基础研究和原创性成果方面还有提升空间。在数字经济时代，生产力的新质化表现和先进性特征主要是高度的自动化和智能化，生产力需要具备快速响应市场变化和技术变革的能力，网络化协作和资源共享，通过数据驱动和决策优化，提高产品和服务的精准度和满意度。因此，加快培育和发展新质生产力是满足人民日益增长的美好生活的需求的重要途径。

数字经济赋能新质生产力发展对人们生活和个人的益处主要表现在以下几个方面：一是促进了产业结构升级，提高了产品和服务的质量。以智能制造为例，通过将大数据、云计算、人工智能等数字技术应用于生产流程，企业能够实现更加精细化和个性化的生产，满足消费者对高品质产品和服务的需求。根据工业和信息化部的数据，截至2020年年底，我国智能制造试点示范项目已覆盖了全国范围内的多个行业，推动了相关产业的生产效率提升约20%。二是推动了创新模式的变革，激发了全社会的创造力。互联网平台经济、共享经济等新业态的出现，为人民提供了更加便捷、多样化的生活服务，如滴滴出行、美团外卖等平台的兴起，极大地便利了人们的出行和餐饮服务，提高了生活效率。2020年，中国共享经济市场规模达到3.28万亿元，同比增长约10%①。三是创造了新的就业机会，提高了人民收入水平。电子商务、远程办公、在线教育等新兴产业的发展，为人们提供了更多的就业选择和工作方式。中国互联网络信息中心的数据显示，2020年中国电子商务交易额达到34.81万亿元，同比增长约10%，带来了大量的就业机会。四是数字经济推动了公共服务的数字化，提升了政府治理能力。电子政务、智慧城市的建设，使政府能够更加高效地提供公共服务，满足人民对教育、医疗、养老等方面的需求。五是丰富了生态环境保护措施。通过大数据分析、物联网技术等手段，可以实现对能源消耗和污染排放的实时监控和优化，推动绿色低碳发展。根据国家能源局的数据，2020年中国非化石能源占一次能源消费比重达到15.9%，较

---

① 国家信息中心.中国共享经济发展报告（2021）正式发布［EB/OL］.（2021-02-22）［2024-04-11］.https://www.ndrc.gov.cn/xxgk/jd/wsdwhfz/202102/t20210222_1267536.html.

2015 年提高了 5.1 个百分点①。综上，可以看出，数字经济赋能新质生产力发展通过促进产业结构升级、激发创新活力、创造就业机会、提升公共服务效率和推动绿色发展，将人类文明推向更高水平。

2.3　生产力发展变革的历史回溯

人类社会经历了渔猎采集时代、石器时代、青铜器时代、铁器时代、蒸汽时代、电器时代，最终到达如今的信息时代。人类社会的发展伴随着人类社会的演变，从原始社会到奴隶社会，从封建社会到资本主义社会，再到社会主义社会，人类文明和社会变革的结果源于人类生产工具的不断升级和生产力由量变到质变的跃升。从整体上看，人类社会生产力是从旧到新，从低级到高级演变和迭代升级的发展过程。正如马克思曾在《哲学的贫困》中指出，随着新生产力的获得，人们改变自己的生产方式，随着生产方式即谋生的方式的改变，人们也就会改变自己的一切社会关系。手推磨产生的是封建主的社会，蒸汽磨产生的是资本家的社会②。

2.3.1　手工生产阶段

手工生产阶段是生产力发展的最初阶段，这个阶段的生产力主要依赖人力和简单的工具。在这个阶段，人们主要依靠手工劳动来完成生产活动，生产效率和产品质量受到很大限制。这个阶段的生产力主要体现在劳动者通过手工劳动创造的产品数量和质量上，由于生产工具和技术的限制，这个阶段的生产力水平相对较低。这一时期生产力发展的主要特征：首先，生产工具的简单性是这个阶段的一大特征。由于生产工具主要是简单的农具、手工工具等，如锄头、镰刀、织布机等，这些工具的功能单一，操作方式简单，无法实现大规模的生产。其次，生产效率较低。由于生产工具的简单性，生产过程主要依赖人力，生产效率低下，劳动者需要投入大量的时间和体力来完成生产任务。例如，在古代手工业中，织布工

①　章建华. 推动能源低碳转型和高质量发展［EB/OL］.（2021－06－09）［2024－04－13］. https://www.nea.gov.cn/2021-06/09/c_139997971.htm.

②　马克思，恩格斯. 马克思恩格斯选集：第 1 卷［M］. 中共中央马克思恩格斯列宁斯大林著作编译局，译. 北京：人民出版社，2021：222.

人需要手工操作织布机，进行长时间的织布工作，生产效率较低。最后，生产规模较小且局限性大，产品质量差异性大。由于生产工具和技术的限制，这个阶段的生产规模相对较小，难以实现大规模的生产。生产活动主要集中在家庭或小作坊中，难以形成大规模的生产基地。例如，古代的家庭手工业生产，如编织、制陶等，生产规模较小，无法形成大规模的生产，由于每个产品都是手工制作的，因此每个产品的质量都有所不同。

在渔猎采集时代，人们使用各种原始工具来生存。石制工具如石斧、石刀和石矛用于砍伐、切割和狩猎；骨器和角器如鱼钩和针用于捕鱼和制作衣物；木器如矛、棍棒和盾牌用于战斗和狩猎；纤维制品如网和篮子用于捕鱼和收集食物。这一时期火的发现和控制使人类能够取暖、照明、烹饪和驱赶野兽，以上基于天然材料制作的劳动工具的使用提高了人类在自然环境中生存的能力。

随着生产力的不断发展，人类社会进入农业文明时期。这一时期主要分为两个阶段，第一阶段是青铜时代。青铜时代，人类掌握了青铜的冶炼和铸造技术，劳动工具得到了显著改进，出现了青铜工具，如镰刀、斧头、锤子、凿子和剑等。青铜工具比石器和骨器更坚固耐用，提高了农业、手工业和战争效率。生活方式方面，农业成为主要生产方式，人们开始定居并建立村落和城市。生产力大幅提升，剩余产品的出现使贸易成为可能，同时，也促进了商业和手工业的发展。青铜时代社会分工与专业化得到了显著提升，青铜器、陶器、纺织品等各有专人制作，专业化的工匠掌握了青铜冶炼和铸造技术，推动了技术和艺术的发展，标志着人类从简单的石器时代迈向更复杂、更先进的文明阶段。

随着金属冶炼技术的不断提高，铁器时代随之到来。这一时期的铁制工具如犁、锄头、斧头、锤子、刀剑等比青铜工具更坚硬、耐用，且成本更低，适合规模化生产应用。铁器工具的广泛应用推动了农业革命的发展，导致耕地面积扩大，耕作效率提高，人口增长和城市化进程加速。随着人类社会专业化分工更加精细，更多的职业和行业开始出现，如铁匠、木匠、商人等，促进了商业和手工业的发展。生产工具的改变带来了手工业生产力的提高，为后来的工业革命和现代社会的形成奠定了基础。

2.3.2 机械生产阶段

18世纪末到20世纪初，随着工业革命的兴起，机械生产逐渐取代了手工生产，成为主导的生产方式。机械生产阶段是生产力发展的一个重要阶段，它标志着人类社会从传统的手工生产方式向机械化、自动化的生产方式的转变。这一时期生产力的变革发展推动了工业化进程，促进了社会经济的快速发展，为现代工业生产奠定了基础。机械生产阶段使大机器生产取代工厂手工业，生产力得到突飞猛进的发展，这也意味着工业革命的到来，这一时期生产力发展有其自身的显著特征。

生产工具的机械化。生产工具由手工工具变成机械化设备和机器，生产工具的操作方式复杂化，一定程度上促进了大规模生产的实现。1764年，詹姆斯·哈格里夫斯（James Hargreaves）发明了"珍妮纺纱机"，这个机器可以同时纺出多根纱线。据估计，1764年哈格里夫斯发明珍妮纺纱机后，纺织业的生产效率提高了约20倍，大大提高了纺织业的生产效率。1785年，詹姆斯·瓦特（James Watt）对蒸汽机进行了重大改进，改进后的蒸汽机能够为各种工业机器提供稳定的动力，使得生产过程不再受水力、风力等自然能源的限制，蒸汽机在纺织、采矿、运输等多个行业的广泛应用使得生产效率提高了约10倍，蒸汽机的改进成为工业革命的核心技术，大大提高了人类的生产力。1825年，乔治·斯蒂芬森（George Stephenson）设计的"火箭号"蒸汽机车成功运行，标志着铁路时代的到来，极大地加速了货物和人员的运输，火车运输的速度提高了约10倍，运力提高了约100倍。

生产过程的自动化。生产工具的机械化导致了生产过程的自动化趋势。纺织机、蒸汽机的出现能够代替人力进行重复、繁重的劳动，从而提高生产效率和质量。这一时期最突出的就是工厂系统的兴起，随着蒸汽机的应用，纺织厂开始使用蒸汽机作为动力，集中了生产过程，使得生产更加规模化、自动化，工厂系统的兴起标志着生产过程自动化的重要表现，极大地提高了生产效率。其中，工厂开始采用自动化生产线，其中包含了自动传送带、自动装配线等，这些生产线能够自动将零件从一个工位传输到另一个工位，完成产品的组装。此外，18世纪，机械计数器的发明和应用能够自动记录产品数量，也使得生产过程的自动化得以实现，工厂生产管理的效率进一步提高。在农业领域，自动挤奶机的发明使得牛奶的收集更加高效，有效减少了工厂的人力成本支出。

产品质量的标准化。生产过程的自动化带来的必然是工厂产品质量的稳定化和标准化。由于生产过程的自动化和规模化，产品质量逐渐实现标准化。蒸汽机、纺织机的广泛使用使生产过程逐渐标准化，其中最明显的是蒸汽机驱动的纺织机能够精确控制生产参数，自动调节纺纱的速度和力度，使得生产的纱线质量更加稳定。这一时期，一些质量控制方法开始被引入生产过程中，如统计质量控制（SQC）方法的引入，很大程度上通过数据分析来监控和改进产品质量。此外，机械工具在生产中的应用，也使得各国开始制定产品标准，以规范产品质量，如英国在1861年成立了国家标准局，负责制定和监督产品标准的实施。总之，机械时代开创了以机器生产代替手工劳动的时代，实现了机器大工业生产。这不仅是技术上的革新，更是一场关于人类社会的变革，推动了人类在经济、政治、社会、思想、文化等各个领域的发展变革，实现了生产力发展的一次巨大跃升，正如马克思在《资本论》中指出的那样，资产阶级在它不到一百年的阶级统治中所创造的生产力，比过去一切世代创造的全部生产力还要多，还要大①。

2.3.3 电气化生产阶段

随着生产力的不断发展，自然科学成果不断涌现，人类开始了第二次工业革命。第二次工业革命使人类社会正式进入电气时代，这一时期，电力和电气设备的广泛应用彻底改变了人类社会的生产和生活方式，为人类带来了前所未有的影响和进步。第二次工业革命期间，电力工业的迅速发展是推动生产力飞跃的关键因素。

1844年，塞缪尔·莫尔斯成功发明了电报，对于新闻传播、商业交易和政府通信都产生了革命性的影响，极大地提高了信息传递的效率和范围。19世纪六七十年代开始，随着电力供应的普及，各种电气设备发明如雨后春笋般涌现，其中最具代表性的是1866年，德国发明家维尔纳·冯·西门子提出的发电机的工作原理，并由西门子公司的一位工程师制造了人类第一台自励式直流发电机。19世纪70年代，可进行实际应用的发电机问世，这意味着电力成为取代和辅助蒸汽动力的新型能源，是人类生产力发生巨大转折的标志。1876年，亚历山大·格雷厄姆·贝尔发明了电话，使人类能够实现远距离的即时语音通信，极大地增强了人们之间的联系和信息交流。

---

① 马克思，恩格斯. 马克思恩格斯文集：第2卷 [M]. 中共中央马克思恩格斯列宁斯大林著作编译局，译. 北京：人民出版社，2009：36.

1879年，托马斯·爱迪生成功发明了白炽灯泡，使得电能可以被有效地转化为光能，为室内照明提供了革命性的解决方案。电灯的普及极大地改善了人们的生活和工作条件，提高了生产效率。这一时期，科学技术在工业生产中的应用的另一重大体现是内燃机的发明和使用，内燃机的发明成功把热能转化为机械能，其在汽车、飞机、船舶等交通工具中的广泛应用极大地提高了运输效率，缩短了时空距离，也推动了石油化工产业的发展，促进了能源结构的变革，为现代工业社会的形成奠定了重要基础。

随着第二次工业革命的飞速推进，人类社会生产力得到了极大提升和发展，改变了人们的生活，扩大了人们的活动范围，加强了人与人之间的交流。与此同时，电气技术的广泛应用也给生态环境、生活、社会带来了一定的负面影响。随着电力工业的发展和内燃机的广泛应用，大量的燃煤和石油燃烧产生了大量的废气和颗粒物，导致空气污染。这不仅影响了人类的健康，还加剧了温室效应和气候变化。工业废水的排放对河流、湖泊和海洋造成了严重污染，破坏了水生生态系统，影响了人类的水源质量和健康。除此之外，电气技术的应用还加速了自然资源的消耗，同时产生了大量的工业废物和电子垃圾。社会发展方面，进入电气时代，随着生产力的提高，经济的飞速发展，城市化进程不断加快，大量人口涌入城市，导致了居住环境的拥挤和城市交通拥堵、住房短缺、公共服务不足。综上可以看出，电气时代对人类政治、经济、社会、文化、环境等方面带来的挑战迫使人类寻找或者探索更为环保、节能、高效以及可持续的发展方式，为信息时代的到来以及生产力的再次跃升提供基础和可能。

2.3.4 信息化生产阶段

20世纪中叶到21世纪初，随着计算机技术、互联网技术的广泛应用，信息化生产逐渐取代了电气化生产，成为一种核心的且为更高层次的生产方式，这也标志着第三次科技革命的到来。信息化生产极大地提高了生产效率和质量，推动了产业结构的优化升级。第二次世界大战后，各国经济社会恢复和发展迫切需要科学技术的驱动和支撑，科学技术的进步为第三次科技革命提供了重要的基础，这一时期，半导体技术的发明和应用，为计算机的出现和发展提供了可能。全球化进程的加快进一步加速了科技、资本、人才等资源的全球流动，促进了国际科技合作和竞争。信息时代的到来，和各国在这一时期发展科技和经济的国家政策息息相关，如美国在

20世纪80年代提出了"星球大战计划",进一步推动了科技的发展和应用。除此之外,经过第二次工业革命,人类社会面临的环境污染、资源短缺、人口老龄化、住房压力、交通压力等社会问题亟须更先进的生产力予以缓解和解决。

信息化生产阶段在实现生产力巨大飞跃的同时,也在很大程度上解决了人类在生态环境、社会生活、科技应用领域的问题。2000—2005年,网络接入、网络营销、电子商务、网络游戏等主要领域的商业模式初步形成,各领域有代表性的互联网企业快速成长,全产业链共同发展的产业格局基本建立,搜索引擎、电子商务、即时通信、社交网络等服务迅速崛起,初步形成了产业链。这一时期,我国网民数量超过1亿人,跃居世界第二位[①]。到了2005—2013年,网络零售和社交网络服务成为产业发展亮点,移动互联网的兴起推动了互联网发展进入新阶段,计算机和互联网在这一时期对中国的经济产生了巨大的推动作用,不仅促进了技术的创新和产业的发展,还加速了经济结构的优化和升级。同时,信息时代也在一定程度上解决了人类自第二次工业革命后面临的问题。如计算机的运算速度、存储能力和处理能力不断提高,互联网的普及使得信息传播更加迅速和广泛,这些技术的发展和应用不断提升人类的社会生产力。在环境保护方面,信息技术的应用使工业生产过程中减少了能源的消耗和废弃物的排放。同时,信息技术的应用还可以提高环境监测和管理的能力,及时发现和处理环境问题,如利用卫星遥感技术可以对大气污染、水污染等问题进行监测和分析,为环境保护提供科学依据。

2.3.5　数字化生产阶段

数字化生产阶段以大数据、人工智能、云计算等数字技术的应用为标志,在这一阶段,数字化生产使生产过程更加智能化和个性化,信息和传播交流速度大大提高。数字时代催生了共享经济、平台经济等新型商业模式,人类创新能力得到进一步激发,产业结构实现优化升级,生产力的发展得到质的跃升。2011年的德国汉诺威工业博览会上,德国首次提出了工业4.0的概念,随后在2013年的汉诺威工业博览会上,德国政府正式宣布工业4.0为未来工业发展的战略计划。工业4.0,或称为第四次工业革命,

---

① 中国网络空间研究院. 中国互联网20年发展报告 [EB/OL]. (2016-01-21) [2024-04-16]. https://www.cac.gov.cn/2016-01/21/c_1117850404.htm.

旨在通过将物联网、云计算、大数据、人工智能等数字技术集成到制造业和工业流程中,实现生产过程的智能化、网络化和灵活化,从而提高生产效率、降低成本并增强竞争力①。总体来讲,第四次工业革命使人类进入了数字时代,第四次工业革命是以数字技术为核心驱动的生产力发展阶段,这一阶段对人类生产和生活将产生更为复杂而深远的影响,只有不断顺应和满足数字时代的技术要求,才能依托数字时代带领人类进入更高效、更智能的未来时代。

由于本书主要研究数字经济赋能新质生产力发展,因此本章对数字时代的历史发展部分不做过多赘述。但随着数字时代的到来,对生产力发展的要求和挑战很有必要在此进行论述,以说明新质生产力发展的历史必然性和现实必要性。数字时代生产力的新质化主要表现为劳动者、劳动资料和劳动对象的新质化。对于劳动者而言,随着自动化和智能化技术在生产过程中的广泛应用,传统的制造业工作变得更加智能化,这要求劳动者具备更前端、更高水平的专业技术技能和行业知识,以操作和管理更为先进和智能的生产设备。对于劳动资料而言,最直观的改变是数字时代数字化工具和平台的普及,如设计软件、自动化制造系统、在线协作平台应用,智能设备和机器人的应用,云计算和智能技术的使用,物联网、虚拟现实(VR)和增强现实(AR)的应用以及大数据分析,都使劳动资料的形态、性质、方式发生了巨大改变,这些新的变化大大提高了生产的质量和要求。对于劳动对象而言,与传统工业时代相比,数字时代劳动对象最大的特征是不再是传统的物理和自然资料,越来越多的劳动对象是数字化内容,如软件、多媒体、数据等,数据成为一种重要的劳动对象,虚拟产品和服务不断增加,意味着劳动对象变得更加多样化和复杂化,劳动过程也变得更加依赖于数字技术和专业知识。

① 千际投资. 2024 年中国工业 4.0 行业研究报告 [EB/OL]. (2024-02-26) [2024-04-12]. http://www.21jingji.com/article/20240226/herald/5d80c09c817f34206087e82364cd4c9b.html.

2.4　新质生产力发展的理论渊源

2.4.1　马克思、恩格斯的生产力理论

新质生产力概念的提出源于马克思、恩格斯关于生产力的理论学说。马克思、恩格斯从唯物史观的角度对生产力发展的不同阶段进行翔实的分析，认为生产力决定生产关系。马克思、恩格斯提出生产力包括物质生产力和社会生产力两个方面，为人类正确认识和发展生产力提供了宝贵的理论支持。新质生产力的发展，就是在物质生产力和社会生产力两个方面的基础上，通过技术创新、制度创新和思维方式创新，不断提高生产力水平，推动社会向更高阶段发展。

首先，从《英国工人阶级状况》的出版到《德意志意识形态》的出版，这是马克思、恩格斯关于生产力理论的初步萌芽期。恩格斯在《英国工人阶级状况》一书中分析了19世纪中叶英国工人阶级的生活和工作条件，恩格斯认为，工业革命虽然极大地提高了生产力，但同时也造成了工人阶级的极度贫困。恩格斯指出："兰开夏郡的机械织机使千百万印度手工织工陷于彻底的灭亡，中国的门户日益被打开。"[1] 可以看出，恩格斯认为技术的发展不但提高了人类的生产力，而且开拓了世界市场，改变了人类社会的生产方式。同时，恩格斯分析了工人阶级的生存状态，揭示了资本主义制度下工人阶级所遭受的剥削和压迫，他认为："工人阶级处境悲惨的原因不应当到这些小的弊病中去寻找，而应当到资本主义制度本身中去寻找。"[2] 恩格斯揭示了科学技术进步带来的生产力的提升与工人阶级生存状况对立统一的关系，这为后面生产力理论的提出奠定了基础。

恩格斯在1843年撰写的《国民经济学批判大纲》中，对德国和欧洲经济进行了深入批判，同时对生产力与经济发展，技术与生产力发展、工人就业的关系进行了科学论证。恩格斯认为在最普通的情况下，科学也是

---

① 马克思，恩格斯. 马克思恩格斯文集：第1卷 [M]. 中共中央马克思恩格斯列宁斯大林著作编译局，译. 北京：人民出版社，2009：388.

② 马克思，恩格斯. 马克思恩格斯文集：第1卷 [M]. 中共中央马克思恩格斯列宁斯大林著作编译局，译. 北京：人民出版社，2009：368.

按几何级数发展的。而对科学来说，又有什么是做不到的呢?① 这句话其实是对马尔萨斯主义的一种批判，恩格斯认为科学技术的进步能够推动经济、农业、工业、社会等多个领域的快速发展。他认为，科学技术之所以能够推动生产力的提高，从而推动经济社会发展，原因在于技术对生产工具、生产对象和生产劳动者等诸多要素的改变。此外，恩格斯还分析了科学技术的进步和生产力的提高对工人就业的影响。他以纺织业为例，认为机器的发明破坏了工人对工厂主的反抗，摧毁了劳动在坚持与资本作力量悬殊的斗争时的最后一点力量②。也就是说，在资本主义大工业生产过程中，工人被资本家剥削和压迫的程度不但没有减轻反而更加严重，他们的生活状况更加悲惨。

《1844年经济学哲学手稿》是马克思关于生产力与经济发展，科学技术与生产力关系探讨的具有代表性的著作。在书中，马克思通过对资本主义经济制度的分析和批判，提出了新的哲学、经济学相关思想，更加清晰表明了马克思关于科学技术发展对生产力影响的立场。马克思认为，全部人的活动迄今为止都是劳动，也就是工业，就是同自身相异化的活动。也就是说，马克思认为，工业的本质和人的本质具有一致性和趋同性，他认为技术是沟通人与自然界的一个桥梁，工业是自然界对人，因而也是自然科学对人的现实的历史关系。另外，马克思对资本主义对工人的剥削制度进行了深入批判，马克思肯定了科学技术的发明对生产力的巨大提升作用，但同时，他提出了劳动异化和人的异化理论。换句话说，马克思认为资本主义制度本身就是出现劳动异化的根源。工人在劳动中花费的时间精力越多，他亲手创造出来反对自身的、异己的对象世界的力量就越强大，他自身以及他的内部世界就越贫困，他所有的东西就越少③。此外，马克思还对费尔巴哈的自然观进行了批判，他指出科学技术的发明应该建立在人类对自然和现实的认识基础上。

在《德意志意识形态》中，马克思、恩格斯在批判德国古典哲学基础上阐述了历史唯物主义基本原理。马克思和恩格斯指出，生产力其实是人

---

① 马克思，恩格斯. 马克思恩格斯文集：第1卷 [M]. 中共中央马克思恩格斯列宁斯大林著作编译局，译. 北京：人民出版社，2009：82.

② 马克思，恩格斯. 马克思恩格斯文集：第1卷 [M]. 中共中央马克思恩格斯列宁斯大林著作编译局，译. 北京：人民出版社，2009：85.

③ 马克思，恩格斯. 马克思恩格斯文集：第1卷 [M]. 中共中央马克思恩格斯列宁斯大林著作编译局，译. 北京：人民出版社，2009：157.

的活动，并受社会实践和政治等诸多因素的影响，此时他们认为生产力主要表现为一种"物质生产力"，即"生产方式或生产形态，成为人类历史发展的基石。"① 生产力的发展不仅满足人类对自身生存和生活的需要，同时也是社会历史进步的重要推动力。此外，马克思和恩格斯还对科学技术对生产力的推动作用进行分析，马克思、恩格斯认为，科学技术的发展是人类社会发展规律的体现，不存在独立于现实之外的技术，生产力作为人类经济社会发展的决定力量，决定生产关系和社会关系的变革。而生产力的发展水平取决于社会分工程度。以上这些观点为我们深刻理解生产力与生产关系的复杂关系提供了重要的理论指导。

其次，从《哲学的贫困》的出版到《共产党宣言》的诞生，是马克思、恩格斯生产力理论的初步发展阶段，也是马克思主义生产力思想体系得到完善的时期。马克思在1847年的《哲学的贫困》一书中使生产力体系化理论得到建立和升华。马克思强调了科技的发展和劳动工具对生产力发展的重要作用。马克思认为，在生产生活中，随着工具的不断改进和革新，人类自己所依附的社会关系也随之改变。对于技术异化观点，马克思认为，技术异化的根源不在于机器或技术本身，而在于资本主义制度下对技术的应用方式。在资本主义生产过程中，工人被剥夺了对生产过程的控制权，变成了资本家手中的工具。工人的劳动成果成为与自身相对立的异己力量，工人自身则变成了商品，其价值由劳动市场决定，这也启示我们，利用科技的进步推动生产力的发展可以为人的全面发展提供更好的帮助。

1848年《共产党宣言》诞生，在这部著作中，马克思、恩格斯系统全面地阐述了人类生产力的发展以及资本主义制度从产生到发展的历史过程。同时，马克思、恩格斯阐述了科学技术在推动社会生产力以及生产方式、社会形态变革方面的重要功能。马克思、恩格斯指出，先进生产力应把实现人的全面而自由的发展作为最终归宿。马克思、恩格斯同时认为，资本主义的发展把整个世界连接起来了，与以往经济发展不同，大工业大机器发展下，"过去那种地方的和民族的自给自足和闭关自守状态，被各

---

① 马克思，恩格斯.马克思恩格斯选集：第1卷 [M].中共中央马克思恩格斯列宁斯大林著作编译局，译.北京：人民出版社，2012：158.

民族的各方面的互相往来和各方面的互相依赖所代替了。"① 同时，在共产党宣言中马克思还指出无产阶级才是先进生产力的实践者，是资产阶级的"掘墓人"。《经济学手稿（1857—1858）》中，马克思从政治经济学视角对生产力理论进行了补充。马克思认为，科学是一种生产力，而且是不需要支付资本费用的生产力。同时，马克思对商品交换进行了详细的剖析，指出了商品交换中的价值规律。他认为，商品的价值取决于生产它所需的劳动时间。以上这些观点使马克思、恩格斯的生产力理论更加系统和全面，为后续生产力理论的成熟定型奠定了基础。

最后，马克思主义生产力理论在不断发展中成熟。关于生产力理论成熟的标志就是《资本论》的问世。在这本代表性著作中，马克思对生产力理论进行了全面论述和补充，同时对科技、对社会生产和发展的关系进行更为成熟的分析和界定。一方面，马克思从政治经济学角度指出，生产力不仅包含物质生产力的物质性方面，而且还包括生产关系。也就是说，除了物质生产力之外，在资本主义同工人阶级斗争过程中，必然会出现一种"社会生产力"。进一步来讲就是，随着生产力的提高，原有的生产关系可能成为制约因素，阻碍生产力的进一步发展。此时，社会革命就会爆发，推动社会向更高阶段发展。另一方面，《资本论》对科技的进步与资本循环进行了分析。所谓资本循环，就是通过货币资本、生产资本、商品资本等一系列资本运动后，最后实现资本增值的一个过程或形态。科学技术的进步会使工人的劳动时间大大缩短，自动化、标准化、规模化的生产会提升工人的生产效率，很大程度上缩短资本循环的周期时间，从而加快剩余价值的积累。从这里可以看出，科学技术的发展对生产力的变革具有革命性的影响②。

总之，马克思、恩格斯关于生产力的理论是在不断发展和探索中逐渐建立起来的，为我们理解新质生产力的理论本质提供了重要的思想指导。从马克思、恩格斯关于生产力的论述中可以看出，科学技术在推动生产力发展的过程中具有革命性的作用，科学技术不但推动物质生产力的发展，同时也推动着社会的变革。新质生产力作为一种新型的生产力质态，本质

---

① 马克思，恩格斯. 马克思恩格斯文集：第2卷 [M]. 中共中央马克思恩格斯列宁斯大林著作编译局，译. 北京：人民出版社，2009：35.

② 马克思，恩格斯. 马克思恩格斯文集：第3卷 [M]. 中共中央马克思恩格斯列宁斯大林著作编译局，译. 北京：人民出版社，2009：602.

上仍然是一种生产力，最大的不同在于新质生产力将创新作为核心驱动力，新质生产力的发展与形成对人类社会发展将产生巨大的推动作用。

2.4.2 中国共产党人的生产力理论

马克思、恩格斯的生产力理论和科技思想同马克思主义一样，不是一成不变的，而是具有旺盛的生命力和发展力。新中国成立后，中国共产党人在领导人民进行社会主义建设和改革的长期实践中，不断深化对生产力发展规律的认识，在认识和把握马克思主义科技思想和生产力理论基础上，将其与我国经济社会发展的具体实际相结合，不断继承和发展，最终凝结形成中国共产党人的生产力理论，为新质生产力理论的提出和发展提供理论指南，也为新时代培育和发展新质生产力提供实践指南。

新中国刚刚成立时，由于经历了长期的战争和动荡，我国经济几乎处于崩溃的边缘，工业基础薄弱，农业生产也严重滞后，国家迫切需要恢复和发展经济，提高人民的物质生活水平。此时，毛泽东提出了科技发展的重要性，他认为在经济建设过程中必须采用先进的技术，把先进的机器运用到工业和农业生产中，以达到稳定社会和提高人民生活的目的。毛泽东强调西方资本主义国家和苏联都是依靠先进的科学技术来赶超最先进的国家，我国也要这样①。这一时期，毛泽东同志关于技术思想的提出以及在实践中的应用，很大程度上改善了新中国成立初期生产工具严重落后、生产力水平落后的现状。在中国工业化建设初期，毛泽东强调重视科学技术的研究应成为全国人民的重要任务。1957年，毛泽东在《关于正确处理人民内部矛盾的问题》中提出，把我国"建设成为一个具有现代工业、现代农业和现代科学文化的社会主义国家"②，强调了科学技术发展在现代化建设中的重要地位和作用。

这一时期，毛泽东对科学技术的发展与作用进行了进一步分析，他还指出，我国只有在社会经济制度方面彻底地完成社会主义改造，又在技术方面，在一切能够使用机器操作的部门和地方，统统使用机器操作，才能使社会经济面貌全部改观。这表明先进的技术在工业制造中的应用能够极大提高当时我国的生产力，能更好推动经济的发展和经济面貌的改善。毛泽东强调了科学技术对生产力的重要驱动作用，为后续我国进行工业化建

---

① 毛泽东. 毛泽东文集：第8卷 [M]. 北京：人民出版社，1999：126.
② 毛泽东. 毛泽东文集：第7卷 [M]. 北京：人民出版社，1999：207

设指明正确的道路和方向。同时，毛泽东还提出了科技人才对科技发展、生产力发展的重要作用。毛泽东指出："我国要变成一个富强的社会主义国家，最关键最核心的因素在于科学技术的现代化，没有科学技术现代化做保证，我们无法实现社会主义现代化。现代化的建设不是喊口号，现代化的关键在于科学技术，科学技术的进步关键在于要有卓越人才，科技发展需要人才。"① 这一思想为后续我国不断加强科技教育和专业技术教育，"百花齐放、百家争鸣"方针的提出，以及一系列科技人才培养政策的提出指明了重要路径。

此外，1963年周恩来在上海参加科技工作会议时指出，社会主义强国的建设和实现，关键在于实现科学技术的现代化②。同年，毛泽东听取了聂荣臻的工作汇报后继续强调，如果不搞科学技术，我们的生产力是无法提高的。这一时期，科学技术的发展被提升到前所未有的高度，我国的生产力得到极大提高，经济发展步伐加快，成功研发了"两弹一星"等尖端成果，我国在西方等资本主义国家的技术封锁下仍然能够自立自强，不断突破科技发展。

随着改革开放的不断推进，作为改革开放的总设计师，邓小平在继承马克思主义生产力理论和科技思想，以及弘扬和发展毛泽东的科技思想的基础上，提出了一系列关于科技发展的重要思想，指出科学技术是第一生产力，为我国改革开放和现代化建设指明了前进的方向和动力。1978年，在全国科技工作大会上，邓小平提出科学技术是生产力。他指出，只有把先进的科学技术广泛应用于我国的工业现代化建设和农业生产中，才能实现又快又好的发展生产。他还指出，高科技的发展和实现产业化，鼓励企业在工业生产过程中更好地把科学技术转化为现实成果，提高生产效率。

这一时期，邓小平论述了科学技术对推动经济社会发展的重要作用和科学技术现代化在实现四个现代化中的关键地位，肯定了科技人员在科技发展中的重要性。1988年9月，邓小平指出："马克思讲过科学技术是生产力，这是非常正确的，现在看来这样说可能不够，恐怕是第一生产力。"③ 在同年的全国科技大会上，邓小平明确提出"科学技术是第一生产

① 毛泽东. 毛泽东文集：第7卷 [M]. 北京：人民出版社，1999：316.
② 中共中央文献研究室. 建国以来重要文献选编：第16册 [M]. 北京：中央文献出版社，1997：160.
③ 邓小平. 邓小平文选：第3卷 [M]. 北京：人民出版社，1993：275.

力"的重要论断，这一论断是对马克思主义生产力理论的继承和发展。邓小平强调了科学技术在现代社会生产力中的核心地位，为中国改革开放和现代化建设提供了科学指导。邓小平还强调了发展科学技术对于提高生产力、促进经济增长的重要性，引导中国在发展道路上更加重视科技创新。此后，这一思想成为制定国家科技政策和战略的依据，推动了我国科技事业的不断发展。

在推进科技发展过程中，邓小平指出，现代科学为生产技术的进步开辟道路，决定它的发展方向，许多新的生产工具，新的工艺，最开始是在实验室里被创造出来的。邓小平指出，要对科技发展进行统一规划，要制定科学系统的科技发展规划，这样才能在合理的布局和安排下，在符合我国国情的基础上稳步发展和推进我国的科技水平。我国作为超大规模人口大国，要发展科技，必须要注重科学发展规划，长期目标和短期目标要有机结合。1988年10月，邓小平在参观北京正负电子对撞机国家重点实验室时指出："有欧洲科学家向我提出了一个问题，你们目前经济并不发达，为什么要搞这个东西，我就回答他，这是从长远发展的利益着眼，不能只看眼前。"

可以看出，邓小平的科技思想不仅立足当下我国经济社会的发展，更从长远发展来考虑，认为尽管中国的经济基础相对较弱，但必须致力于自主研发高科技，争取在全球高科技领域占据一席之地。鉴于中国当前的科技水平有限，我们必须采取一定行动，积极迈步，持续促进高科技的进步。邓小平强调，发展科学技术要秉持开放的心态，把走出去引进来结合起来，既立足国情，又要学习和借鉴国外先进的科学技术和管理经验，加强科技的国际交流。邓小平指出："科学技术是人类共同创造的财富。任何一个民族、国家，都要学习别的民族、国家的长处，学习人家的先进科学技术。"[①] 总之，我国通过提前布局科学发展的国家战略，实施科教兴国战略，提高教育和科技在全国的普及程度，不断学习他国先进经验和技术，从而加速了我国科技的发展进程，让我国在那个时期赶上了世界科技革命的浪潮。

进入20世纪90年代，江泽民结合当时国际国内经济、科技发展状况，继承并进一步发展了邓小平关于生产力的相关思想，提出了一系列关于科

---

① 邓小平. 邓小平文选：第2卷 [M]. 北京：人民出版社，1994：91.

教兴国、推进科技创新的发展战略，深化了科技对生产力发展的进一步认识。2001 年 6 月，江泽民在中国科协第六次全国代表大会上指出："科学技术是第一生产力，是先进生产力的集中体现和主要标志，也是人类文明进步的基石。"[①] 这一观点的提出是对邓小平关于科技论述的继承与进一步发展。至此，江泽民把科技对生产力的推动作用提升到"先进生产力"的高度，提出了科技创新和进步对经济社会发展的决定性作用。他指出，在刚刚过去的 20 世纪，科学技术突飞猛进，科学理论充分发展，极大地推动了生产力的发展和社会进步，人类创造了空前丰富的物质文化财富。

21 世纪，科学发现、技术发明与商品化产业化之间的关系越来越紧密，科技成果转化为现实生产力的周期越来越短，科技在生产过程中的引领和促进作用越来越突出。江泽民进一步指出，在推动科技发展中，必须要坚持实施科教兴国战略和可持续发展战略，努力学习、掌握和应用先进的科学技术，在技术发展跨越的基础上实现我国社会生产力发展的跨越，不断提高我国的综合国力和国际竞争能力。这表明，把科技和教育放在经济和社会发展的重要位置，是推动科技进步和经济社会发展的一个重要方式和途径。同时，他还强调要加强前瞻性、基础性、战略性领域的科技创新，努力提高我国科技的持续创新能力。江泽民指出，基础研究是科技进步和创新的先导与源泉，对社会生产力的发展和人类文明进步具有巨大的不可估量的推动作用。

进入 21 世纪，以胡锦涛同志为总书记的党中央不断深化对科技生产力的认识，提出了一系列推动科技创新和科技进步的思想和战略。科学发展观，是在新世纪新阶段我国对社会主义现代化建设规律认识的进一步深化，核心思想是全面、协调、可持续，基本要求是统筹兼顾，根本方法是推进经济社会发展。科学发展观为这一时期我国科技创新发展、经济社会发展提供了行动指南。胡锦涛在全国科学技术大会上指出，"科学技术是第一生产力，是推动人类文明进步的革命力量"，强调要"加快科技成果向现实生产力转化，以利于为经济社会发展提供持久动力，在国际经济、科技竞争中争取主动权"，要"进一步深化科技改革，大力推进科技进步和创新，带动生产力质的飞跃"。[②] 可以看出，科学技术的发展不但对生产

---

① 江泽民. 江泽民文选：第 3 卷 [M]. 北京：人民出版社，2006：275.

② 胡锦涛. 坚持走中国特色自主创新道路 为建设创新型国家而努力奋斗：在全国科学技术大会上的讲话 [M]. 北京：人民出版社，2006：2-3.

力具有重要的推动作用，而且对人类文明发展进步同样具有重要意义，只有进一步加快我国的科技创新，才能实现生产力由量变到质变的飞跃，我国才能在世界上赢得经济和科技发展的主动权。这一时期，在科学发展观的指导下，我国坚持以人为本，通过科学技术的发展和进步，提高人民的生活水平，坚持全面协调可持续，在经济建设中实现速度和质量的统一，坚持统筹兼顾，把科技发展促进经济发展同环境保护和社会发展结合起来，促进经济发展方式的转变、经济结构的优化、经济增长质量的提高。总之，这一时期，我国科学技术不断得到发展，自主创新能力进一步提升，有力推动了我国经济的建设与发展。

进入新时代，以习近平同志为核心的党中央站在我国和世界发展的历史新方位，坚持把创新作为引领发展的第一动力，把科技创新摆在国家发展全局的核心位置，对科技创新发展进行了顶层设计和系统谋划，提出一系列新理念新思想新战略，部署推进一系列重大科技发展和改革举措，进一步丰富了马克思、恩格斯科技生产力思想，对实现我国高水平科技自立自强，推动实现我国经济高质量发展，推进中国式现代化建设具有重要指导意义。2015 年全国两会上，习近平总书记提出："创新是引领发展的第一动力。"① 2020 年 8 月 24 日，习近平总书记在经济社会领域专家座谈会上指出："以科技创新催生新发展动能。实现高质量发展，必须实现依靠创新驱动的内涵型增长。我们更要大力提升自主创新能力，尽快突破关键核心技术。这是关系我国发展全局的重大问题，也是形成以国内大循环为主体的关键。"②

2022 年 6 月 28 日，习近平在湖北武汉考察时指出："随着我国发展壮大，突破"卡脖子"关键核心技术刻不容缓，必须坚持问题导向，发挥新型举国体制优势，踔厉奋发、奋起直追，加快实现科技自立自强。"③ 党的二十大报告指出："必须坚持科技是第一生产力、人才是第一资源、创新是第一动力，深入实施科教兴国战略、人才强国战略、创新驱动发展战略，开辟发展新领域新赛道，不断塑造发展新动能新优势。"2023 年 1 月

---

① 习近平在参加上海代表团审议时强调 当好改革开放排头兵创新发展先行者 为构建开放型经济新体制探索新路 [N]. 人民日报，2015-03-06（01）.

② 习近平. 在经济社会领域专家座谈会上的讲话 [N]. 人民日报，2020-08-25（02）.

③ 习近平在湖北武汉考察时强调把科技的命脉牢牢掌握在自己手中 不断提升我国发展独立性自主性安全性 [N]. 人民日报，2022-06-30（01）.

31 日，习近平在第二十届中央政治局第二次集体学习时强调："当今世界，科学技术是第一生产力、第一竞争力。我们要完善党中央对科技工作统一领导的体制，健全新型举国体制，强化国家战略科技力量，优化配置创新资源，使我国在重要科技领域成为全球领跑者，在前沿交叉领域成为开拓者，力争尽早成为世界主要科学中心和创新高地。"2023 年 7 月 5 日至 7 日，习近平在江苏考察时指出，现在信息技术飞速发展，颠覆性技术随时可能出现，要走求实扎实的创新路子，为实现高水平科技自立自强立下功勋①。

进入新时代，我国经济发展进入了新阶段。以习近平同志为核心的党中央把坚持高质量发展作为新时代的硬道理，不断解放和发展社会生产力，作出一系列重大决策部署，推动我国经济迈上更高质量、更有效率、更加公平、更可持续、更为安全的发展之路，生产力水平实现了巨大提升和突破性发展，形成了生产力发展的新的质态。2023 年 9 月，习近平总书记在黑龙江考察调研期间首次提出"新质生产力"这一重要概念。他指出，要以科技创新引领产业全面振兴；整合科技创新资源，引领发展战略性新兴产业和未来产业，加快形成新质生产力。在主持召开新时代推动东北全面振兴座谈会时，习近平总书记要求："积极培育新能源、新材料、先进制造、电子信息等战略性新兴产业，积极培育未来产业，加快形成新质生产力，增强发展新动能。"2023 年 12 月召开的中央经济工作会议强调，要以科技创新推动产业创新，特别是以颠覆性技术和前沿技术催生新产业、新模式、新动能，发展新质生产力。

2024 年 1 月，二十届中央政治局第十一次集体学习时，习近平总书记强调："发展新质生产力是推动高质量发展的内在要求和重要着力点，必须继续做好创新这篇大文章，推动新质生产力加快发展。"2024 年 2 月，习近平总书记在主持二十届中央政治局第十二次集体学习时强调："要瞄准世界能源科技前沿，聚焦能源关键领域和重大需求，合理选择技术路线，发挥新型举国体制优势，加强关键核心技术联合攻关，强化科研成果转化运用，把能源技术及其关联产业培育成带动我国产业升级的新增长点，促进新质生产力发展。"习近平总书记关于发展新质生产力的重要论述，指明了推动高质量发展的重要着力点，体现了对生产力发展规律和我

---

① 习近平在江苏考察时强调在推进中国式现代化中走在前做示范 谱写"强富美高"新江苏现代化建设新篇章 [N]. 人民日报，2023-07-08（01）.

国经济发展面临的突出问题的深刻把握，是对我国经济建设规律的深刻总结，进一步创新和发展了马克思主义生产力理论。

关于新质生产力的科学内涵，习近平总书记指出："概括地说，新质生产力是创新起主导作用，摆脱传统经济增长方式、生产力发展路径，具有高科技、高效能、高质量特征，符合新发展理念的先进生产力质态。它由技术革命性突破、生产要素创新性配置、产业深度转型升级而催生，以劳动者、劳动资料、劳动对象及其优化组合的跃升为基本内涵，以全要素生产率大幅提升为核心标志，特点是创新，关键在质优，本质是先进生产力。"这一重要论述，深刻指明了新质生产力的特征、基本内涵、核心标志、特点、关键、本质等基本理论问题，为我们准确把握新质生产力的科学内涵提供了根本遵循。

总之，党的十八大以来，我国把科技推动生产力发展的重要性提升到前所未有的高度，科技、人才、创新对国家发展的战略意义越来越突出。同时，在国家战略布局和顶层设计下，我国科技发展取得了令人瞩目的成就，"祝融"探火、"嫦娥"揽月、"天和"遨游星辰、"奋斗者"号万米深潜；中国桥梁、中国港口、中国核电屹立东方，成为亮眼的"国家名片"；光学"千里眼"、更重的大锻件焊接、高速磁浮交通等体现了科技创新的中国精度、中国广度。我国科技创新事业发生历史性、整体性、格局性重大变化，成功进入创新型国家行列。我国经济总量由 2012 年的 53.9 万亿元增加到 2022 年的超 121 万亿元，经济实力、综合国力迈上大台阶。可以看出，科技创新既是大变局的重要组成部分，也是大变局变化的关键力，新一轮科技革命和产业变革机遇期，我们要继续提高科技创新能力，实现高水平自立自强，以科技创新为驱动，推动产业升级转型，实现经济高质量发展。

2.4.3　基于世界文明中的科技理论分析

本书的另一个理论分析视角是基于世界文明中的科技思想对科技创新推动生产力发展以及经济社会变革进行理论分析，为深入认识和把握数字经济赋能新质生产力发展提供新的理论视角。随着近现代西方科技革命的发生，人类的科学、技术、产业、生活方式、思维方式等都受到了革命性的影响。从牛顿的经典力学到爱因斯坦的相对论，从达尔文的进化论到现代分子生物学，西方科技的发展推动了人类对自然界的深入理解和掌控。

科技的进步促进了工业化进程，改变了人们的生产方式和生活方式，使人类社会进入了一个全新的时代。西方近现代的科技思想是西方文明中最先进、最优秀的部分之一，它以科学为基础，以创新为动力，关注人类社会的全面发展，在全球化的今天，我们需要以一种开放和包容的心态，积极学习和借鉴西方科技思想中的精华和有益的成分为我所用，从而更好地指导和服务于我国的科技创新发展。

公元16~17世纪，科学革命在西方兴起，标志着现代科学的诞生。哥白尼、开普勒、布鲁诺、伽利略等为代表的一大批科学斗士，是西方科学革命中的杰出人物。他们高举科学理性的旗帜，以无私无畏的创新精神、批判精神，向教会权威和神学世界观发起挑战。这场革命是科学对神学的批判，是实事求是的创新精神取代经院哲学的教条主义的过程。哥白尼是科学革命的先驱，他提出了日心说，他的《天体运行论》一书，提出了太阳是宇宙中心的观点，揭示了地球和其他行星围绕太阳运行的规律，对当时的地心说提出了巨大挑战。开普勒继承和发展了哥白尼的日心说，提出了行星运动的三大定律，为后面牛顿的经典力学奠定了基础。

布鲁诺作为当时的哲学家和科学家，宣扬宇宙无限、星辰众多的观点，挑战了教会的宇宙观念。伽利略的实验和观测证明了地球不是宇宙的中心，为哥白尼的日心说提供了更多支持，也为后来科学实验方法和实证主义的发展奠定了基础。牛顿作为近代西方最具代表性的人物之一，为科学进步作出了重要贡献。在1687年发表的著作《自然哲学的数学原理》中，牛顿提出了三条运动定律，这些定律奠定了经典力学的基础，在这本书中牛顿还提出了万有引力定律，为后来的航天工程和卫星技术提供了理论基础。这一时期是生产力快速发展的阶段，牛顿的科学理论定律为汽车、飞机、大机器的设计，分析蒸汽机和内燃机的工作原理，计算轨道动力学、飞行路径、燃料消耗等提供了重要的理论和方法支撑。

随着科学技术的不断进步，科学创新不仅对生产力的发展具有重要的推动作用，而且在人类社会变革中也具有十分重要的意义。贝尔纳是科学学的奠基人，他认为："科学正在影响当代的社会变革而且也受到这种变革的影响，……我们需要比以往更仔细地分析两者之间的交互作用。"① 美国著名哲学家约翰·杜威认为："科学是一种工具、一种方法、一套科学

---

① 贝尔纳.科学的社会功能 [M].陈体芳，译.桂林：广西师范大学出版社，2003：3-4.

体系。……因而在广泛的人文意义上，它是一种手段和工具。"1912 年，美国经济学家约瑟夫·熊彼特提出了"创新理论"，他认为创新是现有生产要素和生产条件的重新组合。创新的本质或原理是不断地从内部革新经济结构，也就是说，要不断打破旧的经济结构，来创造新的经济结构。创新是"一种创造性的破坏过程"，这个过程就是经济持续增长的新动力①。这给我们的启示是，在数字经济时代，培育和发展新质生产力要以创新为驱动，从而更好释放创新动能来驱动生产力发展，通过创造和破坏的不断循环从而推动经济持续迭代升级，最终实现经济社会的高质量发展。

2.5　新质生产力的基本内涵

学术研究过程中，除了对研究对象相关的历史和理论基础进行梳理和分析外，还要对具体研究对象的基本概念内涵进行界定，这样做的目的是通过明确的概念界定从而明确研究的范围，提高研究的针对性和深度。这样做还有助于科学合理地搭建后续研究的理论框架和实践框架，避免由概念错误或模糊引起的研究方向错误。同时，对研究对象概念的合理、准确界定，有助于更好确定研究方法从而提高研究质量和研究效率。因此，本节内容主要对新质生产力、数字经济等基本概念、类型和特征进行翔实的分析和论述，为后续研究做好理论积淀。

2.5.1　新质生产力的概念内涵

从本质上讲，新质生产力是一种先进生产力。历史唯物主义认为生产力是指在一定历史阶段，人类社会在生产过程中，运用劳动资料、劳动对象和劳动者三要素相结合的能力。相对于其他生产力水平而言，先进生产力是具有较高效率和创新能力，能够大幅提升生产效率、降低成本、优化资源配置、增强产品竞争力的生产力，包括先进的科学技术、管理模式、制度环境、人才队伍等。那么，与传统生产力相比，新质生产力则是由技术革命性突破、生产要素创新性配置、产业深度转型升级而催生的当代先进生产力。新质生产力以劳动者、劳动资料、劳动对象及其优化组合的质

---

① 茶洪旺. 发展新质生产力须充分发挥创造性破坏机 [N]. 中国经济时报, 2024-04-19 (12).

变为基本内涵，以全要素生产率提升为核心标志，以创新起主导作用，摆脱传统经济增长方式、生产力发展路径，具有高科技、高效能、高质量特征，符合新发展理念的先进生产力质态。总之，要聚焦于"新"和"质"两个方面来着手分析新质生产力的内涵，以更为系统全面地认识和把握新质生产力的核心概念。

2.5.1.1 新要素、新技术和新产业共同构成新质生产力的"新"

（1）新质生产力的要素构成新。

马克思曾指出："劳动过程的简单要素是这个过程的一切社会发展形式所共有的。但劳动过程的每个一定的历史形式，都会进一步发展这个过程的物质基础和社会形式。"[①] 因此，对新质生产力的构成要素的认识和把握十分具有必要性。新质生产力以劳动者、劳动资料、劳动对象及其优化组合的跃升为基本内涵，具有强大发展动能，能够引领创造新的社会生产时代。历史唯物主义认为，生产要素在生产过程中参与创造商品或服务的各种资源，这些要素是生产生活的基础和关键，包括劳动者、劳动对象和生产资料这些实体性要素。同时，随着生产力的不断发展，也出现了诸如科学技术、管理、信息、数据、企业家精神等非实体性要素。新质生产力中的新要素之间互动联通，不断革新和创新各要素之间的联通方式，优化结合方式，共同构成推动生产力发展的力量[②]。

一是劳动者新。劳动者新表现为新质生产力发展需要的新质劳动者需要具备与新质生产力发展相适应的新技能，这是新质生产力发展的前提条件。在任何时代，劳动者的劳动技能和劳动素质都直接决定了生产力的发展状况。在自然经济时代，劳动者仅需掌握耕作、捕猎和家居手工艺等基本劳动技能就可以从事生产劳动。随着工业生产时代的到来，劳动者不得不熟悉机器操作，并了解机器的基础结构和运作原理。而在信息时代，操作计算机、手机等电子设备已经成为一项必须掌握的基本技能。

随着互联网经济时代的到来，对劳动者的劳动技能和劳动素质提出了更高要求，劳动者要掌握更加专业化、智能化、系统化的知识，包括计算机操作、软件开发、数据分析、人工智能、机器学习等技能。此外，劳动

---

① 马克思，恩格斯. 马克思恩格斯全集：第23卷［M］. 中共中央马克思恩格斯列宁斯大林著作编译局，译. 北京：人民出版社，1972：999.

② 蒋永穆，马文武. 新质生产力如何看？怎么办？［M］. 北京：中国经济出版社，2024：48-49.

者还需要能够熟练使用各种数字工具和技术。只有具备以上新的劳动技能，劳动者才能更好驱动劳动对象和劳动资料的结合，从而促进生产力的发展。据世界经济论坛发布的《2023 年未来就业报告》预测，2030 年之前，全球劳动力市场对于数据分析、大数据分析、人工智能及机器学习、网络安全等领域的高级技术人才的需求将以每年 30% 的速度增长。因此，数字经济时代，一批掌握先进技术、知识和劳动技能且能够从事科技创新的劳动者将成为生产力中的革命性力量[1]。

二是劳动资料新。劳动资料也称生产资料，指在生产过程中用来影响或改变劳动对象的一切物质资料和物质条件，是劳动者和劳动对象之间的中介，也是划分人类社会不同阶段生产力发展水平的重要依据，正如马克思指出的那样："各种经济时代的区别，不在于生产什么，而在于怎样生产，用什么劳动资料生产。劳动资料不仅是人类劳动力发展的测量器，而且是劳动借以进行的社会关系的指示器。"[2] 农业经济时代，劳动资料相对简单，主要包括土地、农具、种子、肥料、水利设施、牲畜、农业建筑和运输工具等，此时的劳动资料是劳动者用来耕作土地、种植作物、养殖牲畜等农业活动的中介。到了工业经济时代，劳动资料发展成为适用于工业化机器生产的资料，包括生产工具、设备、机器、建筑物、运输工具、原材料、辅助材料等，这一时期由于大机器的运用使得生产资料不断革新，生产效率和质量显著提高。

如今，人类已经正式步入数字经济时代，新质生产力的发展带来的一个重大改变是劳动资料的质变，其中最大的特征是无形化、数智化，以互联网、人工智能、大数据为代表的数字技术，信息技术、网络设施、数据资源，机器人、自动化生产线、高性能服务器和图形处理器等，这些劳动资料是数字经济的基础。若"机器生产同工场手工业相比使社会分工获得无比广阔的发展，因为它使它所占领的行业的生产力得到无比巨大的增加"[3]，那么，数字经济时代劳动资料的无形化将极大改变劳动组织形式和生产方式，极大把传统生产资料与数智化生产资料融合升级，推动科技发

---

① 赵峰，季雷. 新质生产力的科学内涵、构成要素和制度保障机制［J］. 学术与探索，2024（1）：92-101，175.

② 马克思，恩格斯. 马克思恩格斯全集：第 23 卷［M］. 中共中央马克思恩格斯列宁斯大林著作编译局，译. 北京：人民出版社，1972：204.

③ 马克思，恩格斯. 马克思恩格斯全集：第 23 卷［M］. 中共中央马克思恩格斯列宁斯大林著作编译局，译. 北京：人民出版社，1972：487.

展的颠覆性、前沿性变革，推动生产方式和消费模式变革，加快发展方式的绿色转型，大大提升数字经济时的生产力水平，从而实现生产力新质化跃升。

三是劳动对象新。劳动对象是指在生产过程中被劳动者所作用的具体事物，是劳动者运用劳动资料进行加工、改造、利用的对象，根据生产力发展的不同阶段，劳动对象可以分为有形和无形两类，劳动对象的性质、质量和丰富程度直接影响生产活动的效率和产出。农业经济时代的劳动对象是农业生产中劳动者所作用的具体事物，包括土地、农作物、牲畜、森林、水资源等，通过对它们的合理利用和加工，劳动者能够创造出各种农产品，满足人们的日常生产和生活需求。工业经济时代，劳动对象的概念和范围相较于农业经济时代有了显著的变化和拓展，不仅包括农业经济时代的土地、农作物和自然资源，还包括用于工业生产的各种原材料和半成品。这些原材料可能包括金属、矿石、石油、煤炭、纺织品等。可见，工业生产中的劳动对象越来越需要经过复杂的加工和处理，才能转化为最终的工业产品。

进入数字经济时代后，数据已成为国家基础性战略资源和关键生产要素，并由此形成数字生产力，其最鲜明的特征在于以数据为主体的劳动对象具有易加工、易存储、协同性高、智能化等特征。此时，劳动对象的范围和领域得到前所未有的扩大和拓展，数据这一新型劳动对象在各行各业广泛渗透，以往传统劳动对象呈现出数智化，形成数字空间的无形非物质化的新质劳动对象①。数字经济时代，在"数据+算力+算法"构筑的数字平台或数字世界中，劳动者运用数字技术，充分开发和利用数据这一新型生产要素。与传统劳动对象最大的不同在于，数据这一要素具有"自我增值"的能力。以 ChatGPT 模型、传感信息处理系统为代表的新质生产资料能够智能、高效、准确地筛选、处理和分析各种与生产相关或无关的数据，数据本身价值及使用价值没有因此而折损，反而在生产过程不断增值，产生更多价值。新型劳动对象不但可以在生产过程中实现自身的迭代升级，而且能够在生产过程中提升生产的精确度和生产效率，减少资源浪费和环境破坏污染，有助于推动新质生产力的形成，为经济社会的可持续发展提供重要支撑。

---

① 周文，许凌云.论新质生产力：内涵特征与重要着力点 [J].改革，2023（10）：1-13.

（2）新质生产力着重在技术新。

数字经济时代的新技术是与数字经济相关的创新技术，是推动新质生产力发展的关键因素。传统生产力时代的技术是指随着工业革命的兴起而发展起来的各种生产技术和工艺，这些技术以工业技术应用为轴心，包括机械制造技术、能源开发技术、化学工业技术、装备制造技术、交通运输技术、以电报和电话为主体的通信技术、农业育种技术。与传统生产力技术相比，新质生产力技术有着本质的不同和提升。新质生产力技术以数字信息技术研发与应用为核心，包括宽带互联网、移动互联网、物联网为主体的互联网技术，支持大规模数据处理和分析的云计算技术，数据收集、存储、处理、分析和可视化的大数据技术，以机器学习、自然语言处理、计算机视觉为主的人工智能技术，提供去中心化的数据存储和传输机制，确保数据的安全性和可追溯性的区块链技术，提供更快的数据传输速度和更低的延迟，为物联网、虚拟现实、远程医疗等应用提供支持的 5G 通信技术，通过将各种物理设备连接到互联网，实现设备的智能化和远程控制的物联网技术，以基因工程、细胞工程、生物制药、生物信息学、医疗机器人为主的生物医药技术，以海洋交通运输、海洋渔业、海洋工程、海洋监测为主体的海洋技术，以清洁技术、污染治理技术和清洁能源技术为主体的绿色低碳技术。

总之，新一轮产业和科技变革机遇期，出现的颠覆性技术、前沿技术等新技术对生产力的增长作用呈现出指数增长的趋势，使生产的投入和产出数量实现量级跃升。同时，这些技术的出现主要依赖内部自主创新，对外部环境的依赖程度较低，因此，新技术对生产力的发展具有稳定性、持续性、增值性的巨大优势，并且这些新技术并非是单一的技术成分或模式，它们都具有交叉融合的重要特征，多模式、多领域、多类型新技术相互渗透和融合，共同推动新质生产力实现从量变到质变的飞跃。

（3）新质生产力着重发展新产业。

在要素系统中，要素的变革激发了技术系统的变革。这些变革的技术最终通过研发成果转化为实际的生产技术，参与到实际的生产过程中，从而推动产业系统的发展和变革。随着技术的进步和生产力的发展，产业结构发生了显著变化，这一时期的产业主要包括纺织业、钢铁工业、机械制造业、化工产业、能源产业、交通运输业、建筑业和农业等，可以看出，传统产业的一个重要特点是以资源密集型产业为主体，呈现出规模化生产的趋势，同时也必将带来自然资源的高消耗以及环境的破坏和污染，产业产出价值较低。

与传统产业相比，数字经济时代由于生产要素和生产技术的巨大变革引发了产业的升级变革，产业的发展呈现出全新的面貌，主要是以数据为核心要素的信息技术产业、电子商务产业、金融科技产业、智能制造产业、新能源产业、生物科技产业等。总体来说，数字经济时代的产业主体由战略性新兴产业和未来产业构成，呈现出创新性强、增长潜力大、绿色环保、对劳动者要求高以及国际化程度高的鲜明特点。对于战略性新兴产业和未来产业，两者具有时间维度的逻辑递进关系。战略性新兴产业是当前发展的主流产业，经过一段时间的发展和培育后，随着科技创新的不断进步和应用，将会进一步发展为未来产业，成为实现经济高质量发展的支柱产业。

为了发展战略性新兴产业以及提前布局未来产业，我国出台了一系列政策。战略性新兴产业是指代表新一轮科技革命和产业变革方向，以科技创新为驱动，具有较高的技术含量和附加值，对国家经济结构优化和高质量发展具有重要意义的产业；未来产业是指面向未来社会重大需求，以前沿尖端技术探索为驱动，目前处于孵化期或初步发展但对未来社会发展具有重要意义的新兴产业①。根据国家发展改革委的报告，我国战略性新兴产业的发展方向包括新一代信息技术、人工智能、生物技术、新能源、新材料、高端装备、绿色环保等领域，这些领域被视为新的经济增长引擎，对于推动高质量发展具有重要意义。未来产业的发展重点聚焦在元宇宙、脑机接口、量子信息、人形机器人、生成式人工智能、生物制造、未来显示、未来网络、新型储能等领域。这些领域代表新一轮科技革命和产业变革的方向，对于国家培育发展新动能、打造未来新优势至关重要②。

战略性新兴产业代表新一轮科技革命和产业变革的方向，是国家培育发展新动能、打造未来新优势的关键领域，也是经济高质量发展的重要引擎。据统计，2022 年，新一代信息技术、高端装备等战略性新兴产业增加值占国内生产总值比重已超过 13%，2023 年上半年战略性新兴产业完成投

---

① 王宇. 以新促质：战略新兴产业与未来产业的有效培育 [J]. 人民论坛，2024（2）：32-35.

② 聚焦新兴产业 8 个领域和未来产业 9 个领域：为新产业定标准促发展 [N]. 人民日报，2024-01-03（02）.

资同比增长超过 40%。2018—2022 年，中央企业在战略性新兴产业领域投资规模由 0.7 万亿元增长至 1.5 万亿元，占全部投资比重由 12.8%提升至 27%，投资规模增长 115.2%，年均增长 28%。今年 1—8 月，中央企业战略性新兴产业完成投资超 8 400 亿元，同比增长约 30%，有力地推动了产业升级，带动上下游企业共同发展①。

以新能源汽车产业为例，新能源汽车产业推动汽车从单纯交通工具向移动智能终端、储能单元和数字空间转变，带动能源、交通、信息通信基础设施改造升级，促进能源消费结构优化、交通体系和城市运行智能化水平提升。2022 年我国新能源汽车产销量分别达到 705.8 万辆和 688.7 万辆，同比增长 96.9%和 93.4%，连续 8 年保持全球第一。2023 年第一季度，我国新能源汽车产销量分别为 129.3 万辆和 125.7 万辆，同比增长 1.4 倍，市场占有率从 2021 年的 13.4%提升至 19.3%，2023 年中国新能源汽车出口数量达到 120.3 万辆，同比增长 77.6%。这一增长不仅反映了国内市场的强劲需求，也显示了中国新能源汽车在国际市场的竞争力，对于构建清洁美丽的世界，推动全球汽车产业转型升级具有重要意义。

综上可以看出，战略性新兴产业和未来产业的发展离不开政府的提前布局和政策支持，数字经济和数字技术的发展和广泛应用，为发展战略性产业和提前布局未来产业提供了坚实的经济支撑。从新兴产业发展带动经济增长的数据可以看到，数字经济对赋能新质生产力发展具有重要的提升和支撑作用，战略性新兴产业和未来产业已经成为现代化产业体系的重要组成部分，成为培育和发展新质生产力的主要领域和关键着力点。

2.5.1.2 高质量构成新质生产力的"质"

一方面，新质生产力的"质"是高质量。新质生产力是符合新发展理念的先进生产力质态，发展新质生产力是推动高质量发展的内在要求和重要着力点。在百年未有之大变局中，我国科技和经济发展面临的外部环境复杂且严峻，内部经济存在周期性和结构性矛盾。就 2023 年经济发展现状来看，虽然存在一定的内外部环境的挑战，但是我国经济发展仍然保持了正增长。这反映了我国经济发展回升向好，持续增长的大趋势没有改变，

---

① 李红五. 加快布局战略性新兴产业 坚定推动中央企业高质量发展 [EB/OL]. (2023-12-28) [2024-04-19]. http://www.sasac.gov.cn/n4470048/n26915116/n29653709/n29653750/c29681914/content.html.

高质量发展要素条件也在集聚增多，我国对经济高质量发展的追求没有改变①。随着人工智能、大数据、量子信息、新能源等颠覆性和关键性技术的不断突破，推动传统产业向高科技、高附加值产业转型，这对新质生产力的发展提出了更高的时代要求，要求更高质量的生产力赋能更高质量的经济发展，以应对经济发展过程中已经出现和未来可能出现的复杂局面和重大挑战，进一步提升我国的国际竞争力。

首先，新质生产力的发展有助于提升经济发展效率。我国具有庞大的数据资源，结合数据本身的高流动性和存储性，数据要素和其他要素的高效整合，能够优化资源的合理配置，挖掘并激活数据要素潜在活力，为经济发展提供持续动力，如电商平台通过分析消费者的购买数据，能够更精确地预测商品的销售趋势，进而调整库存和生产计划，减少资源浪费。通过收集生产过程中的数据，企业可以实时监控生产状态，及时调整生产参数，实现生产的自动化和智能化。其次，新质生产力的发展有助于减少经济发展损耗。我国作为超大规模人口大国，资源、环境方面的挑战要求经济发展必然要朝着绿色低碳、节能环保、可持续方向发展。新质生产力本质上是一种绿色生产力，要求以减量化、再利用、资源化的原则推进经济社会发展，通过采用清洁能源技术、废物处理技术、生物工程技术以及循环经济手段，大大减少资源的消耗和浪费，推动资源的利用效率，在追求高质量发展过程中实现绿色可持续发展。最后，新质生产力的发展有助于增强经济发展韧性。经济发展韧性指的是经济在受到冲击与挑战后，保持经济增长稳定性和持续性的能力，主要包括经济的适应性、弹性和恢复力。当前新质生产力的培育和发展不但有助于我国传统产业的升级变革，而且在战略性新兴产业和未来产业上也得到发展和布局，不断补齐产业发展短板，弘扬产业发展优势，不断完善现代化产业体系的构建，提高产业的现代化水平，使经济发展韧性不断增强，以抵御各种风险挑战。

另一方面，新质生产力的"质"是高品质。数字经济时代，新质生产力的高品质表现为产业结构的变革和升级。随着数字技术的发展以及在各生产领域的广泛应用，数字经济孕育了大量新兴产业和创新型企业，成为新质生产力发展的主要载体。数字经济孕育了许多新兴产业，如共享经济、云计算、人工智能、大数据、智能驾驶等，这些产业以其高度智能

---

① 韩喜平，马丽娟. 发展新质生产力与推动高质量发展 [J]. 思想理论教育，2024（4）：4-11.

化、数字化、高流通性和高效便捷的特点，成为推动经济持续增长的新动力。同时，数字经济的发展也催生了大量的创新型企业，它们以技术创新为核心，通过数字技术的运用，创造出新的商业模式和服务，通过较强的技术研发能力和市场洞察力，能够快速响应市场需求，提供个性化和定制化的产品和服务，通过技术创新和商业模式创新，推动数字经济的发展，同时也在很大程度上促进了传统产业的转型升级，通过创新技术不断促进全球业务交流与发展，为经济全球化发展注入新动力。

另外，高品质还体现在更加注重人的生活品质和个人发展。传统产业通过数字化转型，可以在生产、管理、营销等各个环节实现优化升级，提高效率，降低资源消耗和环境污染，使人类生活的空气质量、水质、土壤质量、生物多样性等都得到提升。在线购物、移动支付、远程工作和在线教育的出现增加了人类生活的便利性，数字技术的应用为人类提供更优质的个性化服务，信息获取更加容易和快捷。总之，数字经济时代新质生产力的发展将会大大提升经济的发展质量，以及人的生活质量。

2.5.2 新质生产力的基本类型

2.5.2.1 基于表现形式的分类

按照表现形式，新质生产力可分为以数据为驱动的数字生产力和太阳能、风能等可再生能源催生的绿色生产力。数字生产力是新质生产力的具体表现形式。具备数字素养的劳动者通过推动数据要素网络化共享、系统化整合、协作化开发和高效化利用，提高全要素生产率，从而形成新质生产力，促进社会生产力实现跃升。数字生产力的发展带来了劳动者、劳动资料和劳动对象的数字化变革，数字技术与生产力要素的高效融合，以及实施数字化劳动的过程。数字生产力的应用具有专用性与通用性、虚拟性与平台化、共享性与协作性、赋能性与节能性、预测性与精准性，以及"比特"与"原子"的共存。在产业应用方面，数字生产力表现为数字农业、数字工业和数字服务业的兴起与创新。总之，数字生产力是注重技术创新、产业升级、商业模式创新、资源优化配置、数据驱动决策、数字化服务、全球化合作等的新型生产力，它为我国经济增长、产业结构调整升级、社会进步等提供了强大动力。

新质生产力还是一种绿色生产力。马克思认为"不以伟大的自然规律为依据的人类计划，只会带来灾难。"① 这表明绿色是新质生产力的鲜明特征以及重要发展导向，是新质生产力的重要组成部分。习近平总书记在二十届中央政治局第十一次集体学习时指出："绿色发展是高质量发展的底色，新质生产力本身就是绿色生产力。"这一重要论断，深刻阐明了新质生产力与绿色生产力的内在关系，指明了发展绿色生产力的重要方向和实践路径，为推动高质量发展、建设美丽中国提供了行动纲领和科学指南。绿色生产力是以生态环境保护和经济效益提升为目标，利用清洁技术和循环手段等，注重资源节约、环境友好、可持续发展，对现有资源进行绿色创新和绿色管理，寻求绿色生活方式的一种新型生产力。绿色生产力对于促进经济社会发展全面绿色转型具有重要支撑和引领作用。发展新质生产力必须坚持绿色发展、循环发展、可持续发展、高效发展等基本原则和根本导向，将绿色、低碳要求贯穿新质生产力推动高质量发展的全过程、全链条和各领域，统筹处理好高质量发展和高水平保护的关系，致力于建立一个绿色低碳循环的经济体系，以此推动经济社会发展的全面绿色转型，避免重蹈以粗放扩张和低效发展为特征的老路。

2.5.2.2 基于技术和领域的分类

以信息技术驱动的新质生产力，主要以信息技术创新为核心，强调高新技术的应用和创新能力的提升，包括5G通信技术、人工智能、大数据、云计算、物联网等。就5G通信技术而言，它是以高速率、低时延、大连接、高可靠等为特点的第五代移动通信技术，5G通信技术促进了传统产业的转型升级，推动智能制造、智慧城市、远程医疗等新兴产业的发展，为用户提供更加便捷、高效的通信服务。以信息技术驱动的生产力对高质量发展具有重要作用，它通过提高工作效率、增强决策能力、促进创新、优化资源配置、提升通信与协作效率、增强客户体验、推动知识管理和学习、提高产品与服务质量以及扩展市场范围等多方面的综合效应，为经济社会的持续健康发展注入了新的动力，不仅加速了传统产业的转型升级，还催生了新兴产业和新型业态，从而推动了经济结构优化、增长方式转变和全要素生产率提升，为实现高质量发展奠定了坚实的科技基础和动力支撑。

以生物技术驱动的生产力，主要包括基因技术、生物制药技术、生物

① 马克思，恩格斯. 马克思恩格斯全集：第31卷［M］. 中共中央马克思恩格斯列宁斯大林著作编译局，译. 北京：人民出版社，1972：251.

农业技术等。基因技术是指通过生物技术手段对生物体的遗传物质进行修改和操作的技术，主要包括基因编辑、基因克隆、基因表达调控等方法。基因技术在医学领域的应用能够筛选、治疗遗传性疾病和疑难病症；在农业领域的应用，通过基因编辑技术有助于提高农作物的产量、抗病性、抗逆性；在环境保护方面，利用基因技术可以对污染物进行生物降解，减少环境污染，基因技术还可以用于生物监测，评估环境污染的程度和范围。生物技术驱动的新质生产力对高质量发展起到了至关重要的作用，它通过基因编辑、生物制药、生物农业、细胞培养和组织工程等先进技术的应用，不仅提高了医疗健康水平、增强了农业产出与抗灾能力、推动了绿色可持续发展，还促进了生物资源的深度开发和循环利用，从而为经济社会注入了创新动力，优化了产业结构，提升了经济增长的质量和效益，为实现可持续发展和构建现代化经济体系提供了强有力的科技支撑和产业保障。

新材料包括高性能金属材料，如特种合金、轻质高强金属等，特殊性能的陶瓷材料，结合两种或多种材料特性的复合新材料，具有纳米尺度特性的纳米材料等。以新材料技术驱动的新质生产力通过高性能金属材料、先进陶瓷材料、复合材料、纳米材料等创新材料的研发与应用，不仅提升了产品的性能和可靠性，降低了生产成本，还促进了传统产业的升级改造和新产业的快速发展，增强了制造业的核心竞争力，推动了节能减排和资源高效利用，从而为构建绿色、智能、高效的现代产业体系提供了坚实的物质基础和技术保障，是实现高质量发展的重要动力源泉。

先进制造技术包括用于快速原型制造和复杂结构生产的 3D 打印技术，用于提高生产效率和精确度的机器人与自动化技术，结合信息技术和制造技术的智能化生产系统的智能制造技术等。先进制造技术驱动的新质生产力对制造业的高质量发展起到了显著的推动作用，它通过 3D 打印、机器人与自动化、智能制造等技术的集成应用，不仅大幅提升了制造业的柔性生产能力，缩短了产品研发周期，提高了生产效率和产品质量，还促进了制造业向智能化、绿色化、服务化转型，增强了制造业的创新能力和市场响应速度，为构建现代制造业体系、推动经济结构优化和实现可持续发展提供了强有力的技术支撑和产业升级路径。

2.5.3 新质生产力的重要特征

2.5.3.1 新质生产力以创新驱动

习近平总书记深刻指出："新质生产力的显著特点是创新，既包括技术和业态模式层面的创新，也包括管理和制度层面的创新。必须继续做好创新这篇大文章，推动新质生产力加快发展。"科技创新是新质生产力发展的重要驱动力和重要主导力，科技是先进生产力的集中体现和主要标志。以创新为驱动的新质生产力，以知识创造为内核，通过新技术、新产品、新服务、新模式催生新产业新业态，推动实现现有生产力的能级跃升，实现更先进的质态演进。随着新一轮科技革命和产业革命机遇期的到来，只有不断创新，实现颠覆性、前沿性、突破性和引领性尖端技术的创造、使用和突破，才能使新质生产力通过牵引效应赋能经济高质量发展，通过结构效应赋能现代社会经济增长，通过成熟效应实现生产力的能级出现裂变式提升，最终实现经济社会高质量、可持续发展。传统生产力发展创新性低，大多是资源集中型产业，同时在技术方面由于发达国家的封锁和制裁，难以实现持续性发展。

如今，创新已经成为我国经济社会发展的关键力量，新质生产力的发展必须由创新驱动。只有这样，我们才能掌握科技竞争和未来发展的主动权。近年来，在一系列政策和战略布局下，我国科技创新能力稳步、有效提升，在载人航天、人工智能、基因技术、量子信息、深海装备等方面取得了一系列举世瞩目的成就，进入世界创新型国家行列，这为我国持续培育和发展新质生产力准备了必要条件。创新驱动最重要的是推动创新技术的转化和落地应用，推动数字经济和实体经济实现"数实融合"，不断推进数字化产业和产业数字化发展，大力发展战略性新兴产业，提前培育和布局未来产业。

2.5.3.2 新质生产力具有绿色低碳特性

习近平总书记在二十届中央政治局第十一次集体学习时指出，绿色发展是高质量发展的底色，新质生产力本身就是绿色生产力。这一重要论断深刻阐明了新质生产力与绿色生产力的内在关系，指明了"绿色生产力符合新质生产力的重要特征。"新质生产力是创新起主导作用，摆脱传统经济增长方式、生产力发展路径的先进生产力质态。发展绿色生产力就是要处理好高质量发展与高水平保护的关系，坚决摒弃以牺牲生态环境换取一时一地经济增长的做法，改变过多依赖增加物质资源消耗、过多依赖规模粗放扩张、过多依赖高耗能高排放产业的发展模式，推动经济社会发展绿色化、低碳化，从根本上缓解经济发展与资源环境之间的矛盾。

绿色低碳作为新质生产力的重要特征之一，对劳动者、劳动资料、劳动对象都提出了新的更高要求。发展新质生产力，要求锻造一支与当代产业发展相匹配的高素养劳动力队伍。这支劳动力队伍将成为绿色生产模式的实施者，构成推动绿色生产力发展的关键支柱。推动新质生产力的发展，还需要配备具有更高"绿色"属性的劳动资料。这些资料不仅涉及数字化和智能化提升的高端精密仪器及智能装备，还包括那些低耗能、低排放甚至零排放的机械设施和基础建设，它们为产业的绿色低碳转型提供了坚实的物质基础。就劳动对象而言，新质生产力的提升要求促进绿色科技的不断进步和创新，持续增加劳动对象的多样性和形态，从而开辟生产的新领域。劳动对象不仅涵盖新能源、新材料等实体资源，还包括巨量数据、信息技术等非实体资源。特别是太阳能、风能、氢能、核能、地热能等可再生能源，以及碳纳米管、仿生材料、光电子材料等创新材料，它们能够有效解决传统资源储量有限、不可再生以及环境破坏的问题，减轻环境压力，提高能源和资源的利用效率，助力实现节能减排目标，加速推进发展模式的绿色低碳变革。

2.5.3.3 新质生产力以供给和需求的高级动态平衡为落脚点

以新供给与新需求高水平动态平衡为落脚点，形成高质量的生产力是新质生产力的另一重要特征。在经济学中，供给和需求是市场经济中两个基本的、相互依存的概念，它们共同决定了商品和服务的价格和数量，以及资源的分配。供给的水平和质量取决于生产成本、技术水平、生产要素的投入以及企业的预期等因素。需求指的是消费者在一定价格水平下愿意并能够购买的商品或服务的数量，它受到消费者的收入水平、商品价格、消费者偏好、替代品和互补品的价格等因素的影响，供给和需求之间的关系是动态的，它们之间的平衡状态决定了市场的均衡价格和均衡数量。供给和需求是市场经济中调节资源配置、价格形成和经济增长的关键力量，需求和供给的动态平衡是实现社会经济良性循环的关键力量。新质生产力作为一种新型生产力质态，与传统生产力不同，它以新供给和新需求的高水平动态平衡为落脚点，通过不断促进更高水平的供给和需求的动态平衡从而形成更高质量的生产力。可见，供给和需求的高水平动态平衡需要依托高水平的生产力才能实现。

现阶段我国经济在面对复杂严峻的国际环境和国内改革发展稳定任务时，保持了稳定向好的发展趋势，要促进我国经济持续发展和高质量发展需要形成供给和需求的高水平动态平衡。随着数字经济时代的到来以及新一轮产业和科技变革机遇期的到来，颠覆性技术和前沿性技术催生的新产业、新模式、新动力对供给升级提出更高要求，需要通过新供给来促进和推动新的生产力发展。同时，新质生产力发展形成的新供给，能够为市场提供更高品质、更高质量、更高性能、更便捷、更安全的产品和服务，以满足市场的现有需求。因此，新质生产力发展的一个重要特征就是持续通过高水平供给满足市场高水平需求从而推动我国经济社会的高质量发展，两者之间的高水平动态平衡是实现国内国际双循环以及经济社会可持续发展的关键点。

2.5.3.4 新质生产力具有人本内蕴特性

新质生产力与传统生产力相比的一个突出特性在于，新质生产力是以推动实现人的自由而全面的发展为终极目标。人是人类社会的主体，生产力演进的终极目标是推动人的自由全面发展。作为生产力的最新形态，"新质生产力功能在于实现更具质量的发展，强调发展的质量导向，而衡量质量的关键标准在于是否满足人民群众对美好生活的需求。"传统生产力主要通过投入劳动力、资本、土地等生产要素，并通过提高生产效率和生产能力，实现经济增长和社会财富的积累，是一种粗放型的经济发展模式。新质生产力是以创新为驱动的新质态生产力，它的发展追求双质效，也就是说不但追求经济的高质量发展的经济效益，同时更加注重人类社会的发展，和社会中的主体——人本身自由而全面的发展，也就是社会效益。新质生产力作为一种新生产力质态，它的发展的一个重要标准是能否满足人民群众对美好生活的追求。

创新作为科技发展的核心驱动，应以提高人类生活质量、满足人类需求和促进人的全面发展为核心的发展理念，以解决人类面临的实际问题为出发点和落脚点，关注人类生活的各个方面，包括医疗、教育、交通、生态环境等，通过创新科技产品和服务，满足人们在各个方面的需求，提高人们的生活质量，还要关注人的精神文化需求，通过提供丰富多样的科技产品和服务，促进人的思想、文化、艺术等各个方面的发展，提高人的综合素质。因此，新质生产力的突出特征在于其强调的是内在质量和以人为本的发展理念，大数据、人工智能、量子信息、基因技术、未来网络、清洁能源技术等新技术的发展不仅体现在物质资源和技术能力的跃升，更体现在对人本身全面发展的关注和帮助，也体现在对未来世世代代人类的可持续发展的责任和使命，这是新质生产力与传统生产力相区别的鲜明标识。

2.5.4　数字经济的基本内涵与作用

当今世界，我们正在经历一场更大范围、更深层次的科技革命和产业变革。互联网、大数据、人工智能等现代信息技术的不断取得突破，数字经济的蓬勃发展让各国利益更加紧密相连，数字经济发展速度之快、辐射范围之广、影响程度之深前所未有，正在成为重组全球要素资源、重塑全球经济结构、改变全球竞争格局的关键力量。数字经济对于促进经济可持续发展，推动传统产业转型升级，促进整个社会转型发展至关重要。数字经济时代对新质生产力的发展提出了新的要求。因此，在讨论数字经济赋能新质生产力发展的逻辑关系前，必须厘清数字经济的基本内涵、突出特征以及发展的重要意义，更好地为后续研究提供坚实的理论支撑。

2.5.4.1　数字经济的基本内涵

数字经济的发展不仅带来了新产业的升级和发展，也引发了不同国家、地区以及国际组织对数字经济内涵的研究和界定。经济合作与发展组织（OECD）认为数字经济包含众多方面，数字经济是一种经济活动，包含电子商务、信息技术、互联网经济等。联合国贸易和发展会议（UNCTAD）在其《数字经济报告》中指出，数字经济是由数据驱动的。数字经济的发展存在不均衡，特别是在不发达国家，互联网使用率低，这限制了他们参与和受益于不断发展的数字经济的能力[①]。数据是数字经济的关键要素，数字经济在全球的发展是不平衡的。二十国集团（G20）把数字经济定义为"广泛的经济活动，包括使用数字化信息和知识作为生产的关键因素，以及现代信息网络作为重要的活动空间"。这一界定从广义上将数字经济和生产联系在一起，为正确认识数字经济内涵提供了更为全面的视角。

美国经济分析局（BEA）把数字经济界定为主要是基于互联网及相关

---

① UNCTAD. Digital Economy Report 2021 ［R/OL］. (2021-07-06) ［2024-03-21］. https://unctad.org/page/digital-economy-report-2021.

信息通信技术（ICT）的产业活动，这一观点从协议视角把数字经济认定为基于某一先进技术的一种产业活动。此外，世界银行在其《全球发展及数字经济》报告中指出，在数字经济下要进行数据生产、使用和再利用的安全的数据治理，数字经济的发展需要建立基础设施，以更加完善的支持和监管政策，以及全球的合作共同提升数据的作用和价值创造能力。结合不同国家和组织从不同方面对数字经济的定义，可以得出，数字经济是以数据资源作为关键生产要素、以现代信息网络作为重要载体、以信息通信技术的有效使用作为效率提升和经济结构优化的重要推动力的一系列经济活动，该经济活动以数字技术为支撑，并依托数字基础设施、数字服务、数据共同提升效率。

数字经济的发展大致分为三个阶段，包括信息数字化（information digitization）、业务数字化（business digitization）、数字转型（digital transformation），这三个阶段构成数字经济发展的时间轴，三个阶段紧密结合，具有层层递进的逻辑关系。信息数字化阶段是数字经济发展的初期，将传统非数字化的信息（如文本、图像、声音等）转化为数字格式。这一过程的关键在于使用计算机和其他数字设备来存储、处理和传输这些信息，提高信息的存储效率、降低存储成本、加快信息检索速度和增强信息的安全性，这一阶段，企业和组织开始建立基础的信息技术设施，如数据库和内部网络。

业务数字化阶段是数字经济的发展阶段，这一时期，企业和组织开始将数字化技术应用于其业务流程中，把传统的业务流程转化为数字化形式，如电子商务、在线银行服务、数字营销和社交媒体的兴起和使用，有力提升了企业的效率。业务数字化阶段，企业开始重视数据的收集和分析。

数字转型阶段是数字经济发展的高级阶段，数据成为关键的生产要素，成为产品研发、产业转型的核心驱动，数字产业化和产业数字化程度不断加深，标志着数字经济与实体经济的深度融合。可以说，数字转型阶段是对整个经济发展和产业升级进行深层次变革的重要时期。根据中国信通院发布的《中国数字经济发展研究报告（2023年）》《2023年中国企业数字化转型发展白皮书》，中国社会科学院财经战略研究院发布的《中国数字经济高质量发展报告（2022）》，目前中国数字经济已处于快速发展期，并正由快速发展期进入成熟发展期，追求更高的发展质量将成为新要求①。

我国在发展数字经济方面进行了一系列政策支持和顶层布局，取得了重要成就。2018 年开始，我国逐步加强了对数字经济的政策支持，陆续提出加强数字基础设施建设、加速数字经济成为经济增长的关键动能、紧抓产业数字化和数字产业化两条发展主线、加快传统产业和中小企业的数字化转型，数字政府建设、金融业数字化建设以及发挥数字化在社会治理等方面的赋能作用。2023 年，中共中央、国务院印发了《数字中国建设整体布局规划》（简称《规划》）。《规划》指出，建设数字中国是数字时代推进中国式现代化的重要引擎，是构筑国家竞争新优势的有力支撑。《规划》强调了数字经济和实体经济深度融合的重要性，提出了到 2025 年和 2035 年的发展目标，即到 2025 年基本形成横向打通、纵向贯通、协调有力的一体化推进格局，数字中国建设取得重要进展；到 2035 年，数字化发展水平进入世界前列，数字中国建设体系化布局更加科学完备，经济、政治、文化、社会、生态文明建设各领域数字化发展更加协调充分，强化数字技术创新体系和数字安全屏障，以及优化数字化发展的国内国际环境②。

在国家政策支持和提前布局下，我国数字经济发展取得了重要成就。《中国数字经济发展研究报告（2023 年）》显示，数字经济规模增长方面，2022 年，我国数字经济规模达到 50.2 万亿元，同比名义增长 10.3%，这一增长率已连续 11 年显著高于我国同期 GDP 名义增速。数字经济占 GDP 的比重达到 41.5%，相当于第二产业在国民经济中的比重，我国数字产业化规模与产业数字化规模分别达到 9.2 万亿元和 41 万亿元，占数字经济的比重分别为 18.3% 和 81.7%。2022 年，我国数字经济全要素生产率为 1.75，较 2012 年提升了 0.09，对国民经济生产效率的提升起到了支撑和拉动作用③。可见，数字经济正在实现量的合理增长和质的有效提升，对我国经济高质量发展起到了重要的支撑和推动作用。

2.5.4.2 数字经济的突出特征

首先，数据是核心的生产要素。理解数据这一新的生产要素前，先要

---

① 中国信息通信研究院. 中国数字经济发展研究报告（2023 年）[EB/OL]. (2023-04-27) [2024-02-22]. https://www.secrss.com/articles/54179.

② 中共中央，国务院. 数字中国建设整体布局规划 [EB/OL]. (2023-02-27) [2024-02-22]. https://www.gov.cn/zhengce/2023-02/27/content_5743484.htm.

③ 中国信息通信研究院. 中国数字经济发展研究报告（2023 年）[EB/OL]. (2023-04-28) [2024-03-21]. https://www.cnii.com.cn/gxxww/rmydb/202304/t20230428_466877.html.

界定清楚数据的基本内涵。国际数据公司（IDC）把数据定义为"一组离散的符号或符号组合，它们被组织、处理，并被视为信息的代表，用于交流、解释或处理"，该定义强调了数据作为信息载体的角色，以及其在交流和处理中的重要性。也就是说，数据其实是以数字、文字、图像、声音等形式记录的信息，它是信息的一种表现形式，包括结构化的数据。例如，数据库中的表格，也包含非结构化的数据，如图像、音频和视频文件等，数据已经成为一种极其重要的资源，被广泛应用于各个领域。

2019 年，我国首次把数据作为与劳动、土地、知识、技术、资本、管理并列的生产要素。数据作为一种生产要素，能够与传统生产要素融合发展，成为新质生产力发展的重要驱动。从宏观层面来讲，数据要素通过渗透到产业发展的各个环节和领域，推动传统产业优化升级和实现深层次变革，从而实现产业数字化和数字产业化发展。数据要素的应用带来新的产业模式和生产模式，推动科技创新向创新成果的高效转化，破除经济高质量发展过程中的难点、卡点和堵点问题。从微观层面来讲，数据要素的应用可以识别资源过剩或短缺的领域，从而实现资源的最优配置，企业通过收集和分析生产、销售、财务等数据，可以优化生产流程、提高产品质量、降低成本。总之，数据已成为推动经济发展的重要生产要素，这是数字经济的一个鲜明特征。未来，数据对经济高质量发展的重要驱动作用将愈加明显。

其次，算力是动态变革的工具。有了数据之后，需要通过动态的数据处理过程把静态的数据资源变成有用的数据价值和生产力。也就是说，数据必须通过算力处理才能为算法所用，进而释放数据潜在价值。算力计算机或其他计算设备在单位时间内完成计算任务的能力，通常以每秒浮点运算次数（FLOPS）来衡量，算力是衡量计算设备性能的重要指标，它直接影响数据处理、科学计算、人工智能、区块链等领域的效率和速度，算力的重要程度不言而喻。算力是算法的实现基础，算法是解决问题的方法和步骤，而算力则是执行这些步骤的能力，算力还影响算法的效率和性能，算法的执行效率和性能在很大程度上取决于算力。在大数据处理方面，算力的提升使得大规模数据集的处理成为可能，有助于揭示数据中的模式和趋势。在人工智能方面，深度学习、机器学习等算法需要大量的计算资源来实现模型训练和推理。

随着算力的提升和算法的优化，AI 技术在各个领域的应用变得更加广泛和深入。在科学研究方面，气象预测、生物信息学、粒子物理等，都需要大量的计算资源。算力的提升使得这些研究任务得以顺利进行，推动了科学研究的进展，我国自主研发的"神威·太湖之光"超级计算机安装了40 960个中国自主研发的申威26010众核处理器，其系统峰值性能为每秒12.5亿亿次，持续性能为每秒9.3亿亿次，性能功耗比为每瓦特60.5亿次。总之，数字经济中，算力的发展水平对新质生产力的形成与发展至关重要，不断进行算力水平的突破对于推动生产力实现能级跃升具有重要意义。

最后，算法是重要的路径和方法。算法是解决特定问题的一系列步骤或规则的集合，它是计算机科学和数学的核心概念，用于指导计算机或其他计算设备执行任务。算法构成了大数据时代的底层逻辑，被广泛应用于各种领域，包括人工智能、数据分析、网络技术等。数字经济时代，算法和算力以及数据三者之间具有紧密而复杂的联系。数据是算法的输入和算力的驱动，为算法提供信息和素材；算力则提供执行算法的计算能力，使得算法能够高效地处理和分析数据；算法则是数据和算力的桥梁，通过算法的设计和优化，数据得以转化为有价值的信息，算力得以发挥最大的效用，三者相互依存，共同作用于生产力，实现高质量发展。数字经济时代，算法在新领域、新业态、新技术中都发挥着重要作用。在搜索引擎方面，Google 算法的 PageRank 算法通过分析网页之间的链接关系，确定网页的重要性，从而提供更准确的搜索结果，其每天处理的搜索请求超过 100亿次，这充分体现了算法在互联网信息服务中的重要性。

在机器学习上，图像识别算法通过分析大量的图像数据，学习识别和分类不同的物体，根据 IBM 的研究报告，其图像识别算法在某些任务上的性能已经超越了人类专家。在自动驾驶领域，算法通过感知层收集环境数据，决策层处理数据并输出指令，执行层负责执行智能驾驶指令进而实现自动驾驶，数据显示，2022 年中国自动驾驶市场规模达到 2 894 亿元，算法的发展对于自动驾驶向更高级别的自动化、智能化和网联化方向发展至关重要。

2.5.4.3 数字经济发展的重要意义

一方面，实现数字产业化发展。数字产业化是数字经济的动力和源泉，数字产业化是通过技术创新和商业模式创新的融合驱动，深度挖掘、释放数据价值，不断催生新产业新业态新模式，最终形成数字化产业集群，推动经济高质量发展①，数字产业化的目的是对数据价值进行持续深度挖掘与释放，以推动经济社会高质量发展，将数字技术与实体经济深度融合，进而促进产业数字化、网络化、智能化发展。我国政府高度重视数字产业化发展，出台了一系列政策文件，如《数字中国建设整体布局规划》《中共中央 国务院关于构建数据基础制度更好发挥数据要素作用的意见》等为数字产业化提供了政策支持和良好的发展环境。同时，数字技术的进一步发展也为推动数字技术与经济社会各领域的深度融合注入了动力，5G 通信技术、人工智能、云计算等数字技术的快速发展，为数字产业化提供了强有力的技术支持。

一方面，实现产业数字化发展。产业数字化发展是数字经济发展的核心领域。产业数字化是在新一代数字科技支撑和引领下，以数据为关键要素，以价值释放为核心，以数据赋能为主线，对产业链上下游的全要素数字化升级、转型和再造的过程，它以数字技术为工具、以数据资源为关键生产要素、以数字内容重构产品结、以信息网络为市场配置纽带、以服务平台为产业生态载体、以数字善治为发展机制条件，全面推动数字时代产业体系的质量变革、效率变革、动力变革，推动新旧动能转换和高质量发展。《全球数字经济发展指数报告（TIMG 2023）》显示，全球数字经济发展整体呈现上升趋势，2013—2021 年，TIMG（全球数字经济发展）指数的平均得分从 45.33 上升至 57.01，增长幅度为 26%。

根据最新的《中国数字经济发展研究报告（2023 年)》，产业数字化在数字经济产业中的比重从 2007 年的 52.9% 上升到 2022 年的 81.7%，这表明产业数字化在数字经济产业中具有主导地位，产业数字化发展已经成为数字经济的"主战场"，为新质生产力的发展提供了源源不断的新动能。以海油发展为例，它建立的"海洋石油平台运维工程数字化协同工厂"，通过数字化预制生产管理系统和自动化、数字化装备，实现了生产流程的优化和精准化，产业的数字化转型使车间工艺生产线关键设备的数控化率达到 90%，生产数据自动采集率达到 95%，焊接一次合格率达到 96% 以上，综合成本比项目实施前降低 20% 以上，生产效率大大提升。总之，数字经济发展推动产业数字化发展，可以提高生产效率、推动科技创新和产业转型、加强资源优化配置，最终推动经济社会的可持续高质量发展。

---

① 唐要家，唐春晖.数字产业化的理论逻辑、国际经验与中国政策 [J].经济学家，2023
(10)：88-97.

3 数字经济赋能新质生产力发展的逻辑理路

本章主要探讨了数字经济赋能新质生产力发展的逻辑理路，包括其必要性、可能性以及内在机理。数字经济的发展在提高资源配置效率、推动技术创新与进步、促进全球经济合作与交流等方面具有重要意义。数字经济通过优化资源配置、提高生产效率，可以实现资源的最大化利用，从而推动经济发展。数字经济符合新质生产力的特征，数字基础设施的建设为新质生产力提供了发展平台，数字经济的跨界融合为新质生产力发展提供了新的增长点。数字经济赋能新质生产力发展的内在机理主要包括颠覆性科学技术的突破、生产要素实现高效配置以及推动产业结构优化升级。通过深入研究以上三个方面，我们可以更好地理解和把握数字经济对新质生产力发展的赋能机制和重要意义，为我国的经济发展提供重要的理论支持和实践指导。

3.1 数字经济赋能新质生产力发展的必要性

3.1.1 资源配置效率的提高离不开数字经济的发展

发展新质生产力必须要提高资源的配置效率，而数字经济的发展为提高资源配置效率开辟了新的路径。在数字经济时代，大数据分析和智能决策支持成为资源配置的新引擎，它们能够更有效地配置资源，减少资源浪费，提高资源利用效率。数字技术是数字经济发展的关键，也是新质生产力发展的动力引擎，它的应用使生产过程更加智能化、自动化、高效化，从而提高了生产效率，降低了生产成本。同时，通过精确的数据分析和智能决策，企业可以更好地预测市场需求，优化产品设计和生产计划，快速找准市场定位。此外，数字经济还推动了企业间的协同合作，通过共享平台和创新生态系统，企业可以更加灵活地调整生产规模和产品结构，快速响应市场变化，提升市场竞争力。

在供应链管理方面，数字经济通过提供实时数据和智能分析，优化了供应链的各个环节，从原材料采购到产品交付，实现了全程可视化和智能化，这不仅有效降低了交易成本，提高了交易速度，还增强了供应链的抗风险能力。如通过区块链技术的应用，供应链中的每一步都可以被精确追踪，确保了信息的透明和安全，降低了欺诈风险。数字技术的应用还使得公共资源的管理和配置更加高效，如在城市管理中，通过智能交通系统、智能能源管理等的应用，可以有效缓解交通拥堵，降低能源消耗，提高城市运行的效率。在公共服务领域，数字技术可以用于优化公共服务的供给和需求匹配，提高公共服务的效率和质量，提升公众的满意度和信任度。总之，在数字经济的推动下，通过提高资源配置效率可以进一步推动生产力质效的双重提升，进而推动新质生产力的发展。

3.1.2 技术的创新与进步离不开数字经济的发展

数字经济的发展不仅推动了技术创新与进步，而且在很大程度上重塑了全球经济的竞争格局。数字技术的飞速发展，特别是在人工智能、物联网、量子信息等领域的关键核心技术攻关，为产业创新注入了新的生命力，同时也为新质生产力的发展提供了强大动力。在人工智能领域，深度学习、机器学习等技术使得机器能够模拟人类的思维和行为，为各行各业提供智能化解决方案。这不仅提高了生产效率，降低了成本，还推动了产品和服务的创新，提升了企业的核心竞争力。在物联网领域，通过将物理世界与数字世界相结合，实现了物品的智能化、互联化，使企业能够更加准确地了解产品的使用情况，为客户提供更高效、更专业、更个性化的服务体验，同时也为供应链管理、生产流程优化等方面提供了新的可能性。

在量子信息领域，通过量子计算、量子模拟、量子通信等技术的发展，为信息安全、数据传输等方面带来了革命性的变革，为经济发展提供了更安全、更高效的信息传输和处理能力，推动新的商业模式和服务模式诞生。数字经济的发展也为社会治理提供了新的手段和方法。新质生产力的发展不仅体现在生产力的发展方面，同时更加注重对人和社会的关注和发展。通过数字技术，企业能够更有效地收集和分析数据，提高决策的科学性和有效性，提升社会治理水平。此外，数字技术可以用于监测环境质量、分析环境数据、优化环境保护策略，提高环境保护的效率和效果。总之，数字经济的发展极大地推动了技术创新与进步，进而推动了以科学创新为核心的新质生产力的发展。

3.1.3　全球经济的合作与交流离不开数字经济的发展

新质生产力的发展是一个全球性课题，它的发展离不开全球经济体的共同合作和交流，数字经济的发展为这一需求提供了可能，使全球经济合作与交流更加高效、更加安全、更加便捷。

首先，数字经济打破了传统地理界限，促进了国际贸易和投资的便利化，加速了全球供应链和产业链的整合。数字经济时代，企业可以更加便捷地进入国际市场，拓展海外业务，同时也可以吸引外资和技术，提升自身的竞争力。数字经济的发展也推动了全球供应链和产业链的整合，通过数字平台实现全球范围内的资源配置和协同合作，提高生产效率和降低成本。

其次，新质生产力的发展离不开跨领域和跨国家的技术合作研发。数字经济推动了全球创新资源的共享和合作，使跨国研发合作、知识共享和人才流动更加频繁，有助于推动全球科技创新和进步。在数字经济时代，企业可以利用全球范围内的创新资源，开展跨国研发合作，共享研发成果，加速创新进程。

再次，数字技术的发展也促进了人才的流动。人才是新质生产力发展的重要动力源泉，数字经济加强了全球科研人才的流动，提升了新质生产力发展的人才供给。此外，数字经济的发展也给全球治理提供了新的机遇。数字经济的快速发展带来了数据安全、隐私保护、数字鸿沟等问题，需要国际社会共同合作，制定相应的规则和标准加以应对。数字经济的发展为全球治理提供了新的手段和方法，有效提升全球治理水平。

最后，数字经济的发展有助于促进全球经济的包容性增长，使更多人能够有机会、更便捷地参与到全球经济发展中来，共享经济发展的有益成果。同时，数字经济的发展也推动了公共服务的普及和优化，提高了公共服务的效率和质量。总之，新质生产力的发展离不开数字技术的发展和应用，数字经济将为全球经济合作和发展提供强大动力，推动全球经济的持续、健康、协调发展。

3.2 数字经济赋能新质生产力发展的可能性

3.2.1 数字经济符合新质生产力的特征

新质生产力是指在新的技术革命和产业变革背景下，以知识和信息为核心资源，以创新为驱动，以人的智能和机器智能相结合为特征的生产力。数字经济作为一种基于数字技术的经济形态，与新质生产力的特征高度契合，主要表现在数字经济的高创新性增强新质生产力高度契合，数字经济的高融合性促进新质生产力的全面发展，数字经济的高包容性扩展新质生产力的社会基础，数字经济的高可持续性保障新质生产力的长期发展，数字经济的发展不仅推动了新质生产力的发展，也为我国经济的高质量发展提供了强大动力。

数字经济与新质生产力特性的高度契合具体表现在以下几个方面：在高创新性这一特征上，数字经济的高创新性是新质生产力的重要体现。新质生产力是以科技创新为核心驱动力的先进生产力，推动经济增长从要素驱动转向创新驱动，数字经济通过人工智能、大数据、云计算等技术创新和应用创新，为经济发展提供了新的动力，这些创新不仅推动了新兴产业的发展，还促进了传统产业的转型升级，使生产力得到了质的飞跃。数字经济的创新性使得新质生产力在知识创造、技术应用和商业模式创新等方面得到了显著提升，两者在创新性上实现了高度契合。

在融合性上，新质生产力强调产业间的深度融合和协同发展，数字经济的高融合性正好满足这一需求。数字经济通过信息技术与传统经济的融合，不仅提高了传统产业的效率和质量，还催生了新的业态和商业模式，这种融合性使得产业链上下游之间的联系更加紧密，产业间的协同效应更加明显，从而推动了新质生产力在各个领域的全面发展①。在高包容性方

---

① 任保平，王子月.数字新质生产力推动经济高质量发展的逻辑与路径 [J].湘潭大学学报（哲学社会科学版），2023（6）：23-30.

面，新质生产力强调以人为本，注重人的全面发展和社会公平，数字经济的高包容性为新质生产力的社会基础提供了广泛的支持，数字经济的发展和应用使更多的人能够参与到创新活动中来，激发了社会的创新活力，改善了人们的生活环境和生活方式。

数字经济的包容性使新质生产力能够更好地服务于人本身的需求，提高人民的生活水平和幸福感。可持续性方面，新质生产力是一种可持续发展的生产力，其更加注重经济增长与资源环境保护的平衡，数字经济的高可持续性为新质生产力的长期发展提供了重要保障，通过数字技术的应用，可以实现资源的优化配置和高效利用，减少资源浪费。同时，新能源汽车、可再生能源等的发展和应用不仅提升了生活的质量，还保护了环境。可见，高可持续性的特征使新质生产力能够在保障经济增长的同时，实现资源环境的可持续利用，为社会经济的长期发展奠定基础。

3.2.2　数字基础设施建设为新质生产力提供发展平台

数字基础设施建设是新质生产力得以发展的重要基础。数字基础设施是数字技术发展的重要载体，它们通过提供高速的网络连接、数据处理能力和智能化服务，极大地提高了生产效率和创新能力。以 5G 网络建设为例，5G 网络的高速度性和低延迟特性使远程控制和实时数据传输成为可能，这对于智能制造、远程医疗、无人驾驶等新兴产业的发展至关重要，如工厂可以通过 5G 网络实现设备的实时监控和远程维护，提高生产效率和安全性。根据中国信息通信研究院的数据，5G 网络将在 2025 年带动中国数字经济增加值达到 3.3 万亿元，占国内生产总值的比重将达到 13.2%。云计算和数据中心的建立，云计算提供了弹性的计算资源，使企业可以根据需求快速扩展或缩减资源，从而降低了 IT 成本。数据中心的建设则为企业提供了强大的数据处理和分析能力，帮助企业从海量数据中提取有价值的信息，支持决策制定，如我国阿里巴巴的数据中心拥有超过 100 万台服务器，每天处理的数据量超过 100PB，为全球企业提供强大的数据处理能力。

同时，物联网也是一个重要的数字经济基础设施。物联网通过把传感器和设备连接到网络，实现了设备和数据的互联互通。在农业领域，物联网技术可以用于精准农业，通过监测土壤湿度、温度等信息，自动调节灌溉和施肥，提高农作物产量和质量。根据国际数据公司（IDC）的数据，全球物联网市场规模将在 2025 年达到 1.1 万亿美元，年复合增长率达到 11.4%。人工智能和机器学习平台的搭建，为新质生产力提供了智能化决策支持。在金融行业，从业者可以利用机器学习模型进行风险评估和交易决策；在医疗领域，从业者可以利用人工智能进行疾病诊断和治疗方案推荐，提高医疗救治的准确率和安全性。根据普华永道的数据，人工智能将为全球经济贡献高达 15.7 万亿美元的增长，其中中国的增长贡献将达到 26.9%。智慧城市基础设施也十分重要，智慧城市的建设包括智能交通系统、智能电网、智能照明等，这些基础设施通过数据驱动的管理，提高了城市运行效率，减少了能源消耗，提升了居民生活质量，如深圳市的智慧交通系统通过实时数据分析，优化交通信号灯控制，减少了交通拥堵时间，提高了交通效率。

此外，在边缘计算方面，边缘计算将数据处理和分析推向网络的边缘，靠近数据源，减少了数据传输的延迟，提高了响应速度。这对于需要快速响应的应用场景，如自动驾驶车辆、工业自动化等至关重要。根据美国高德纳咨询公司（Gartner）的数据，到 2025 年，超过 75% 的数据将在边缘进行处理，而不是在数据中心。总体来说，数字基础设施建设是新质生产力提升的关键，它不仅提高了生产效率和数据处理能力，还促进了新技术的应用和新业态的诞生，从而推动了新质生产力的提升。新质生产力的发展也将会对数字基础设施的不断完善和发展提出更高要求，两者相互促进，相互影响，共同推动经济社会的高质量发展。

3.2.3　数字经济的跨界融合为新质生产力发展提供新的增长点

数字经济通过信息技术的融合与渗透，不仅优化了传统产业的资源配置和运营效率，而且促进了产业之间的跨界融合，这种跨界融合打破了传统的行业界限，使得不同产业之间能够共享资源、互补优势，进而激发出新的商业模式和创新产品，为新质生产力发展提供了新的增长点。智能制造、物联网、大数据分析等领域的发展都是数字经济推动下的跨界融合与创新的结果。跨界融合不仅限于产业之间，还包括了技术与人文、艺术等领域的结合，这些都是新质生产力发展的重要方向。数字经济的快速发展，使得这种跨界融合与创新成为可能，为新质生产力的发展提供了源源不断的动力和广阔的空间。

跨界融合推动产业升级。数字经济的发展打破了传统的行业界限，让不同产业之间能够共享资源、互补优势，进而激发出新的商业模式和产品①。以智能制造为例，数字经济推动了制造业与信息技术、物联网、大数据等领域的深度融合，实现了生产过程的自动化、智能化和高效化。智能制造不仅提高了生产效率和产品质量，还降低了生产成本和能耗，为新质生产力的发展提供了有力支撑。此外，数字经济还推动了产业之间的跨界融合，如农业与互联网、大数据、物联网等技术的结合，催生了智慧农业这一新兴业态，智慧农业采用精准施肥、智能灌溉等手段，提高了农作物的产量和质量，实现了农业生产的现代化和可持续发展。金融、教育、医疗等重点领域在数字经济的推动下，也实现了与互联网、大数据、人工智能等数字技术的跨界融合，为新质生产力的发展创造了新机遇。

数字经济以其强大的创新能力，为新质生产力的发展提供了源源不断的动力。数字经济推动了技术创新，在数字经济时代，新技术、新产品、新业态层出不穷，为生产力的发展提供了强大的技术支持。以 5G 技术为例，其高速度性、低延迟的特征与智能制造、无人驾驶、远程医疗等领域的融合发展为新质生产力的发展创造了新的增长点。数字经济还推动了商业模式创新，如今企业可以借助互联网、大数据等技术，实现商业模式的创新和优化，以共享经济为例，共享单车、共享住宿等新兴业态在数字经济的基础上崛起，为消费者提供了便捷、高效的服务，同时也为企业创造了新的盈利模式。此外，数字经济跨界融合还推动了管理模式的创新。在数字经济时代，企业管理者可以借助大数据、人工智能等技术，实现管理决策的科学化和精细化，以智能制造为例，企业可以通过对生产数据的实时监控和分析，优化生产流程，提高生产效率，降低生产成本，从而提升企业的竞争力。可见，跨界融合为新质生产力提供了重要的技术动力。

数字经济的发展为新质生产力的发展提供了丰富的人才资源。新质生产力的发展离不开人才，更离不开复合型高质量人才。在跨界融合下，数字经济催生了人才培养模式的创新发展，如今线上教育、远程培训等新兴业态为人才培养提供了便捷、高效的方式，提高了人才培养的质量和效率。同时，数字经济推动了就业创业的多元化。在数字经济时代，共享经济、平台经济等新兴业态为就业创业提供了丰富的机会和广阔的空间，促进了就业创业的多元化发展。

---

① 廖杉杉，鲁钊阳，李瑞琴.数字经济发展促进产业结构转型升级的实证研究［J］.统计与决策，2024（3）：29-34.

数字经济推动了人才流动的全球化。人才的跨界融合不仅体现在领域的跨界，而且体现在人才培养和应用的跨国界、跨地域。具有不同知识背景和能力的人才可以借助互联网、大数据等技术，实现全球范围内的流动和配置，有力拓宽了人才培养的场域和人才的使用效率，为新质生产力的发展提供了源源不断的人才支持。

3.3 数字经济赋能新质生产力发展的内在机理

恩格斯指出："物质本身的各种不同的形式和种类只有通过运动才能认识，物体的属性只有在运动中才能显示出来。"[①] 因此，研究数字经济赋能新质生产力发展不仅要注重本质内涵，还要注重事物内在要素之间的动态关系。所谓内在机理是指事物或现象内部各要素之间相互联系、相互作用的工作方式或规律，它揭示了事物发展的内在原因和过程，是事物运动和变化的根本原因。在学术研究中，内在机理是探究事物本质、理解事物发展变化的关键所在，同时，通过对内在机理的探讨，我们还可以发现事物发展中的关键环节和制约因素，从而为解决问题、推动事物发展提供科学依据。

数字经济赋能新质生产力发展的内在机理是指数字经济通过创新的技术手段和模式，对传统生产方式进行深度的改造和升级，从而推动生产力向更高水平发展的过程。数字经济赋能新质生产力发展的一个内在机理主要体现在：颠覆性科学技术的突破是推动力，其通过提高生产效率和创造新需求来推动生产要素的高效配置；生产要素的高效配置则是实现产业结构深度升级的基础，其通过优化资源配置和促进技术创新来推动产业结构的升级；产业结构的深度升级则是结果，其反映了经济结构的优化和经济增长质量的提升。三者相互作用、相互促进，共同推动新质生产力的发展以及经济高质量发展。

3.3.1 颠覆性科学技术的突破

颠覆性科学技术的研发与突破是新质生产力发展的技术基础，更是数

---

① 马克思，恩格斯. 马克思恩格斯选集：第3卷［M］. 中共中央马克思恩格斯列宁斯大林著作编译局，译. 北京：人民出版社，2012：942.

字赋能新质生产力发展的关键动力。"颠覆性"在汉语中的意思是指对某事物的基本结构、原则或状态进行彻底地改变，使其发生根本性的转变。在现代科技和商业领域，颠覆性是指通过创新的技术或商业模式，对现有的市场格局、行业标准或传统做法产生重大冲击和改变，从而实现从底层到顶层的革新。从上述解释中可以得出，颠覆性科学技术是在科技创新领域的一种颠覆性改变，这类技术往往具有巨大创新性、跨学科性、跨领域性、快速发展和广泛影响的特点，能够在很大程度上改变人们的生产和生活方式。

对于颠覆性技术的定义，*Journal of Asia Business Studies* 认为，"人工智能、物联网、万物互联、区块链和大数据等被视为颠覆性和前沿性技术，这些技术预计将颠覆亚洲国家公共和私营部门，如果实施得当，可以促进亚洲国家的经济社会和生态发展，并提高生活质量。这些技术有可能为亚洲国家带来重塑竞争优势、改善组织对灾难的应对、减少不平等、发展新知识、提高人类健康、改善教育、增加智能城市的参与度、重塑农业以及通过提高农民的经济智能来赋予他们权力等巨大价值。"联合国的一份报告指出，人工智能和电动汽车等最新技术进步，对发展中国家来说是一把"双刃剑"。该报告强调，如果想要这些所谓的"前沿技术"真正为世界带来改变，帮助实现可持续发展目标并应对气候变化，那么适当有效的政策至关重要。综上可以看出，颠覆性技术是数字经济时代的关键技术支撑，新质生产力的发展必然要在颠覆性技术的不断研发和突破中实现跃升。同时，颠覆性技术还是一把"双刃剑"，在推动生产力发展的同时要不断用更加合理的方式规范和引导它的发展，真正发挥其对生产力发展以及人类社会经济高质量发展的动力引擎作用。

颠覆性技术作为一种能够深刻改变人类生产和生活方式的技术类别，具有一系列显著的特点和深远的影响。颠覆性技术往往在理论、方法或应用方面有重大突破，能够解决传统技术难以克服的难题，这种创新性不仅体现在技术的本身，更体现在它能够带来的全新解决方案和思维方式。颠覆性技术的颠覆性表现在它们对现有技术体系产生强烈冲击，促使产业重新洗牌，甚至改变整个行业的格局。这种颠覆性不是简单的替代，而是对原有技术和产业的彻底重构，往往能够创造出全新的市场和商业模式。颠覆性技术的跨学科性也非常显著，它的研发涉及多个学科领域，需要跨学科的研究团队进行协同创新，推动不同领域技术的融合，同时，这类技术从诞生到成熟的时间较短，更新换代速度较快。颠覆性技术的影响范围广泛，不仅局限于某一领域，还能带动相关产业的发展。随着数字经济的不断发展，我国政府、企业和科研机构投入了更多精力进行颠覆性技术的研发和突破。

人工智能、5G通信、基因编辑、新能源等领域的技术创新，为我国新质生产力的发展注入了新动力，有力提高了国家的竞争力。这些颠覆性技术正在深刻改变着我们的生产和生活方式，为我们的生活带来了前所未有的便利和可能。然而，我们也要看到颠覆性技术带来的挑战。比如，在伦理道德方面，人工智能的广泛应用引发了对于机器取代人类的担忧，基因编辑技术也引发了对于生命伦理的讨论。在知识产权方面，颠覆性技术的快速发展使得知识产权的保护面临更大的挑战。因此，我们需要在发展过程中更加重视这些挑战，并寻求更加合理的发展路径和解决方式，才能确保颠覆性技术对新质生产力发展的持续推动。

颠覆性技术的研发和突破是新质生产力发展的基础支撑，需要正确合理的政策对其加以引导和支持。"十三五"期间，我国研发经费投入从2015年的1.42万亿元增长到2020年2.4万亿元左右，这表明国家在科技创新方面的投入持续增加。在颠覆性技术创新方面重点关注的领域包括新一代信息技术、生物技术、新能源、新材料、高端装备、新能源汽车、绿色环保以及航空航天和海洋装备等，这些领域的关键核心技术创新应用正在加快。

同时，我国正在加快探索建立颠覆性技术发现资助机制，加强对非共识项目的识别和举荐，支持全新概念的创新研究。国家已在电子信息和生物技术领域启动了10个试点项目，这些项目已完成论证和立项工作，中国在量子信息、生命科学和生物技术、量子科技等领域取得了重大研究成果，这些成果在提升国家的科技竞争力和国际地位方面发挥了重要作用。为了促进颠覆性技术创新，我国正在构建新型产业政策体系，这一体系能够更好地适应颠覆性技术创新的不确定性和复杂性，"可配合政策扶持吸引具备高度专业素养、高端技术涵养的科技人才入驻，利用人力资本优势攻关关键技术壁垒，充分推动科学技术突破"[1]，为新质生产力的发展提供重要的基础支撑。

---

[1] 罗爽，肖韵.数字经济核心产业集聚赋能新质生产力发展：理论机制与实证检验[J].新疆社会科学，2024（2）：29-40.

颠覆性技术推进新质生产力发展在智能技术、量子技术、基因技术等方面的作用最为突出。在智能技术领域，人工智能技术已经在多个领域取得了显著成就；在医疗领域，AI 技术可以帮助医生进行疾病诊断，提高诊断的准确性和效率。智能制造技术正在推动工业生产方式的变革，以阿里巴巴为例，它的"智能工厂"项目通过物联网技术和数据分析，提高了生产效率和产品质量。智能制造技术的应用可以使生产效率提高 20% 以上，华为公司的智能手机生产线采用了大量机器人和自动化设备，实现了高度自动化的生产。智能教育技术正在改变传统的教育方式，科大讯飞的智能语音技术被广泛应用于智能教育领域，可以根据学生的学习情况进行个性化教学和智能辅导。在自动驾驶方面，百度公司的 Apollo 平台是全球最大的自动驾驶开放平台之一，已经与多家汽车厂商合作，推出了"萝卜快跑"自动驾驶出行服务平台。近几年，感知技术有了显著进步，特别是在深度学习算法的驱动下，机器视觉和传感器技术（如雷达、激光雷达）的结合，大大提高了自动驾驶系统对环境的感知能力。自动驾驶技术已经开始在实际应用中发挥作用，北京、上海等多个智能网联示范区内自动驾驶出租车投入试运营，显示出自动驾驶技术在商业化应用方面的潜力。

在量子技术领域，量子计算是颠覆性技术在量子技术领域的重要应用之一。2024 年 1 月 6 日，我国推出了第三代自主超导量子计算机"本源悟空"，这是我国量子算力首次大规模、长时间向全球开放，标志着我国正式进入量子算力"可用"时代，三个月时间即完成了约 16.9 万个全球量子计算任务[①]。

量子通信是颠覆性技术另一个重要的应用领域。量子通信利用量子纠缠和量子密钥分发（QKD）实现信息的绝对安全传输，我国的"墨子号"量子科学实验卫星的发射实现了千公里级别的量子密钥分发，为建立全球范围的量子通信网络奠定了基础。此外，还有量子模拟器的应用可以模拟复杂的量子系统，为研究量子物理、材料科学、化学反应等提供强大的工具，我国的"九章"量子计算原型机在 2020 年实现了量子优越性，展示了量子模拟在特定任务上的超能力。

总之，数字经济时代，数字技术的广泛应用促使数据成为新型生产要

---

① 吴长锋，洪敬谱."悟空"生出大算力：我国第三代自主超导量子计算机攻关之路 [EB/OL].（2024-04-28）[2024-04-30]. https://news.ustc.edu.cn/info/1056/87189.htm.

素，通过赋能社会再生产各个领域提高劳动生产率，助推新质生产力发展①。以互联网、大数据、人工智能、量子技术、智能技术、生物基因技术为代表的颠覆性技术的发展，已经成为新质生产力发展的技术基础，颠覆性技术通过技术创新推动传统产业和商业模式的重构，提高生产效率，降低生产成本，通过跨界融合以及优化资源的配置，提高资源利用效率，通过知识传播和创新扩散等一系列效应改变着人类的生产和生活方式，持续推动着新质生产力的发展。数字技术不仅从微观上弥补了处于时间和空间的信息不对称问题，而且从宏观上为政府了解和研究新质生产力发展状况并制定一系列合理科学的战略政策提供了宏观数据支持。可见，数字经济时代，数字技术等颠覆性技术的发展和突破是培育和发展新质生产力的技术基础，也是新质生产力持续发展的重要引擎。

3.3.2 生产要素实现高效配置

生产要素实现高效配置是新质生产力发展的必然条件。马克思认为劳动过程的简单要素是有目的的活动或劳动本身、劳动对象和劳动资料②。在经济学中，生产要素是指用于生产商品和服务的资源，这些资源包括劳动力、资本、土地和企业家精神，高效配置生产要素意味着将劳动力、资本、土地等生产要素以最佳的方式组合在一起，将这些资源分配到最能发挥其生产潜力的领域，以实现最大的产出和经济效益，这个概念是经济学中的一个核心理论，旨在解释如何通过优化生产要素的分配来提高生产效率和经济增长。劳动力是指人们用于生产商品和服务的时间和技能，高效配置劳动力意味着将人力资源分配到最适合其技能和能力的领域，以提高生产效率和创造力，如将具有特定技能和专业知识的人员分配到需要这些技能的工作岗位，可以提高生产效率和产出质量。资本是指用于生产商品和服务的货币、机器、设备和其他物质资源，高效配置资本意味着将这些资源投资到能够产生最大回报的领域，以提高生产效率和经济增长，如将资本投资于技术创新和研发，可以促进新产品的开发和生产效率的提高。

土地这一重要生产要素一般是用于生产商品和服务的自然资源，包括土地、水源、矿产等，高效配置土地意味着将这些资源分配到最适合其特

---

① 崔云. 数字技术促进新质生产力发展探析 [J]. 世界社会主义研究，2023（12）：97-109.

② 马克思，恩格斯. 马克思恩格斯选集：第2卷 [M]. 中共中央马克思恩格斯列宁斯大林著作编译局，译. 北京：人民出版社，2012：170.

性和用途的领域，以提高生产效率和资源利用效率，如合理规划土地利用，保护生态环境，可以提高土地的生产力和可持续性。企业家精神是指人们对于创新和创业的追求和努力，高效配置企业家精神意味着鼓励和支持创新和创业活动以推动经济增长和社会进步，如提供创业资金和政策支持，可以激发创业者的企业家精神，促进创新和就业。总之，新质生产力发展过程中，高效配置生产要素是通过优化新型劳动者、新型劳动对象和新型劳动资料等生产要素的分配，提高生产效率和经济增长，实现资源的最优利用，推动经济社会的高质量发展。

数字经济时代，新质生产力的生产要素与传统生产要素有很大不同。新质生产力作为以创新起主导作用，摆脱传统经济增长方式、生产力发展路径，具有高科技、高效能、高质量的特征，符合新发展理念的一种先进生产力质态。新质生产力的生成条件是技术革命性突破、生产要素创新性配置、产业深度转型升级，其基本内涵是劳动者、劳动资料、劳动对象及其优化组合的跃升，表现特征是以全要素生产率大幅提升为核心标志，特点是创新，关键在质优，本质属性是先进生产力。基于新质生产力的基本内涵，与传统生产力相比，新质生产力在生产要素配置上主要体现在对生产力的作用和生产要素之间的组合方式。传统生产力主要依赖于劳动力、资本和土地这三大生产要素，而新质生产力则在此基础上加入了更为广泛和深入的因素，如科技创新、信息技术、知识管理等。

新质生产力将科技创新作为一个核心生产要素，强调通过技术创新来推动经济增长。这包括新技术、新工艺、新材料等方面的创新，这些创新能够极大地提高生产效率和产品质量。新质生产力中，信息技术成为关键的生产要素。信息技术，如互联网、大数据、人工智能等的广泛应用，改变了传统生产方式，提高了资源配置的效率，降低了交易成本。新质生产力强调将知识作为一种生产要素的重要性。知识管理包括知识的创造、传播、应用和保护等方面，通过有效的知识管理，可以提升企业的竞争力和创新能力。相对于传统生产力中的劳动力，新质生产力更强调人力资本的概念。人力资本不仅包括劳动者的体力，还包括其教育水平、技能、经验和创新能力等。人力资本的提升是推动新质生产力发展的关键。新质生产力的发展需要一个良好的创新生态系统，包括政府、企业、研究机构、教育机构等多方面的合作与互动，这个生态系统有助于促进知识的流动和技术的转移，推动创新成果的商业化。

生产力各要素的高效配置是实现生产力跃迁、形成新质生产力的必要条件，生产要素的高效配置是新质生产力发展的关键因素，新质生产力在生产要素配置上主要体现在对生产力的作用和生产要素之间的组合方式上。通过改革提升资源配置效率，打破阻碍要素自由流动的体制机制，推动劳动、资本、土地、知识、技术、管理、数据等要素在市场机制作用下便捷化流动和高效化利用，可以让市场要素不断流向效率更高、效益更好的环节[①]。

生产力各要素的高效配置主要体现在，第一，优化资源配置。高效配置生产要素意味着将劳动力、资本、技术和知识等资源分配到最能发挥其效益的地方，这种优化配置可以显著提高生产效率，降低成本，从而推动新质生产力的发展。第二，激发创新活力。通过将资源投入研发和创新能力强的领域，可以促进新技术、新产品和新服务的开发，这是新质生产力发展的核心动力。第三，提升人力资本。高效配置生产要素包括对人力资本的投入，如教育和职业培训，这有助于提升劳动者的技能和知识水平，增强劳动力的创新能力，从而推动新质生产力的发展。第四，加强信息技术应用。信息技术的发展和应用可以极大地提高信息传递和处理的速度，降低交易成本，使得生产要素能够更快速、更有效地在全球范围内配置，这是新质生产力发展的重要支撑。第五，促进产业结构升级。生产要素的高效配置有助于推动产业结构向高技术、高附加值的方向升级，从而提升整个经济的竞争力。第六，推动绿色发展和可持续性。通过将资源投入环保和可持续性领域，可以促进绿色技术的开发和广泛应用，这是新质生产力发展的重要方向。第七，加强国际合作与全球化。高效配置生产要素还包括利用全球资源和市场，通过国际合作和全球化布局，企业可以获取全球范围内的优质资源，实现生产要素的全球配置，从而推动新质生产力的发展。

另外，数字经济时代，生产力的发展已经成为企业和社会发展的重要驱动力。通过对生产力各要素的高效利用，可以推动生产管理向平台化、网络化和生态化转型，这种转型不仅涉及企业内部的管理变革，也涉及整个社会生产关系的调整和优化。平台化转型意味着利用互联网和信息技术，构建开放、共享的业务平台来整合资源，连接供需双方，降低交易成

---

① 陈清.深刻把握发展新质生产力的实践要求［N］.中国社会科学报，2024-04-24（A02）.

本，提高资源配置效率，如阿里巴巴、腾讯等企业通过建立电子商务平台，为商家和消费者提供了便捷的交易环境，极大地促进了商品和服务的流通。网络化转型是通过信息技术将分散的资源连接起来，实现信息的快速流通和资源的共享，有助于打破地域限制，促进全球范围内的资源整合，如共享经济模式下的 Airbnb，通过连接房东和房客，实现了资源的最大化利用。

生态化转型强调的是建立可持续发展的生产体系，实现经济、社会和环境的和谐共生，这种转型要求企业在追求经济效益的同时，也要关注社会责任和环境保护，如新能源汽车公司比亚迪等既满足市场需求，又推动了绿色出行，实现了经济效益和环境效益的双赢。实现这些转型需要通过改革提升资源配置效率，打破阻碍要素自由流动的体制机制，这意味着要消除行政壁垒，优化劳动力市场，加强知识产权保护，以及推动数据资源的开放和共享。在市场机制的作用下，劳动、资本、土地、知识、技术、管理、数据等要素可以更加便捷地流动、网络化地共享、系统化地整合、协作化地开发以及高效化地利用，这种流动和利用方式让市场要素不断流向效率更高、效益更好的环节，从而推动整个经济体的增长和创新。随着我国"互联网+"战略、数字化转型战略的深入推进，传统产业正在加速与互联网和数字技术融合，生产要素的配置方式也在发生深刻变化。

总之，随着数字经济的不断发展，生产要素的排列组合实现了更优化的配置，特别是互联网、大数据、人工智能等技术的广泛应用，极大地提高了生产要素的流动性和配置效率。信息技术的进步使得知识传播更加迅速，人力资本的价值得到充分发挥，资本和资源可以跨越时空限制，实现全球范围内的优化配置。数据的爆炸性增长和应用，使得数据成为新的生产要素，通过数据分析，企业可以更精准地把握市场动态，提高决策效率。新质生产力的不断跃升，也对生产要素的配置模式产生了重要的影响和导向，它要求我们重新审视传统的生产要素配置方式，以及与之相适应的体制机制。例如，传统的劳动力市场、资本市场和土地使用制度，可能不再适应数字经济时代的需求。新质生产力的发展，需要更加灵活、高效、开放的生产要素配置模式。为了适应新时代的发展要求，我们需要不断深化改革，创新体制机制，打破行业壁垒，促进跨界融合和创新；推动企业之间的合作，实现资源共享和优势互补；鼓励社会各界的参与，形成全社会共同参与、共同受益的发展格局。

3.3.3　推动产业结构优化升级

产业结构指的是一个国家或地区在一定时期内，各个产业部门之间、各产业部门内部的构成及其相互联系、相互依赖、相互制约的经济联系和比例关系。产业结构是一个国家或地区经济发展水平和阶段的重要标志，反映了一个国家或地区的资源禀赋、经济发展战略、科技进步水平、市场需求状况等因素的综合作用结果。而产业结构优化升级指的是在一定时期内，一个国家或地区根据其经济发展的内在要求和外部环境的变化，通过调整和改善产业之间的比例关系和产业内部结构，提高产业素质和产业效率，实现经济增长方式的转变，从而推动经济持续、健康、协调发展的过程。

具体来讲，产业内结构的优化升级是改善各产业部门内部的结构，淘汰落后产能，发展高技术产业和新兴产业，提高产业链的水平，还有为了提高技术创新水平推动技术结构的优化升级，以及为了改善产业组织形式，推动产业集中度提高从而进行的组织结构优化升级。传统产业结构通常以采矿业、制造业和建筑业等第二产业为主导，传统产业结构推动了工业化和城市化的进程，为经济增长提供了动力，改变了人们的生活方式和社会结构，推动了社会进步。然而，传统产业结构也存在着生产方式较为传统，技术水平和劳动生产率相对较低，对资源和能源的依赖性较强，环境污染问题较为突出等问题。随着经济的发展和科技的进步，传统产业结构逐渐向现代产业结构转变，服务业和高技术产业的比重逐渐提高，产业结构逐渐优化和升级。

到了数字经济时代，随着数字技术的不断成熟和突破，产业结构发生了深度转型和调整。数字经济时代的产业结构是以数字技术为核心，以信息化、网络化、智能化为特征，以数字产业化和产业数字化为发展方向的新型产业结构。这种结构下，数字技术被广泛应用于各个产业，不仅催生了新兴产业，如互联网服务、大数据、人工智能、云计算等，也推动了传统产业的数字化转型。数字经济时代引起产业结构变化的原因可归结为数字技术的创新，这为产业结构变革提供强大的技术支持，个性化、专业化服务的服务需求，倒逼服务模式和效率的提高。另外，国家政策的影响和推动，以及全球经济市场的变化的影响等都是引起数字经济时代产业变革的重要因素。

"十四五"规划强调了数据作为关键要素,以及数字技术与实体经济的深度融合,旨在推动传统产业的转型升级,催生新产业、新业态和新模式,预计到 2025 年,我国数字经济核心产业增加值占 GDP 的比重将达到 10%。在产业创新方面,我国加快了关键核心技术的研发和攻关,在人工智能、物联网、量子信息等前沿领域的发明专利授权量已居世界首位[①],这些创新成果不仅提升了产业创新活力,也为数字经济的快速发展提供了强大的动力引擎。工业互联网成为产业赋能的重要载体,企业通过部署基础设施、管理、业务到云端,利用网络获取计算、存储、数据和应用资源。

　　此外,服务业领域也出现了以共享网络平台为组织形式、以信息技术为手段的资源配置优化新形态。总之,在国家政策的支持和引导下,我国产业结构正在实现深度转型和升级,这将为我国传统产业的升级调整提供持续动力,进一步促进生产方式、生活方式和治理方式的深刻变革。

　　除了我国,其他国家和组织在产业结构优化升级方面也提出了具体政策,如联合国开发计划署(UNDP)发布的《2022—2025 年数字战略》强调了人工智能、机器学习等技术对人类世界的影响,并指出数字化可以转化为新工作方式。美国通过双边和多边贸易协议推动跨境数据流动、源代码保护等新型数字规则,旨在维护其在全球数字产业链中的领先地位。《美国主导未来产业(2019)》中把人工智能、先进制造业等作为重点发展领域[②]。可以看出,数字经济时代推动产业结构转型升级已经成为全球经济发展的共同趋势。

　　数字经济时代,新质生产力的发展是实现产业结构优化升级的必然要求,产业结构优化升级将进一步推动新质生产力的跃升发展,两者之间相互促进,密不可分。首先,产业结构的深度转型升级是新质生产力发展的基础。在新一轮科技革命和产业变革的推动下,以创新为核心的新质生产力持续发展,它具有高度的知识密集、技术密集、资本密集等特征,是推动经济增长的关键引擎。而产业结构的深度转型升级,正是为了适应新质生产力的发展需求。通过调整和优化产业布局和模式、提高产业链水平、

---

　　① 何立峰.关于数字经济发展情况的报告[EB/OL].(2022-11-28)[2024-02-25].https://www.gov.cn/xinwen/2022-11/28/content_5729249.htm? eqid=b34cc16b000456ec00000006645f7ff7.

　　② 张郁安.全球主要国家和地区数字政策及其战略考量[EB/OL].(2021-08-13)[2024-02-21].https://www.secrss.com/articles/33453.

3 数字经济赋能新质生产力发展的逻辑理路 | 77

促进产业协同发展等方式，可以为新质生产力提供更好的发展环境和基础条件。其次，新质生产力的发展又进一步推动产业结构的深度优化升级。新质生产力的核心在于创新，创新同样也是产业结构实现优化升级的动力源泉。新技术的应用、新产品的研发、新模式的探索、新业态的萌芽等都对现有产业结构产生深刻影响，从一定程度上推动产业向更高水平、更高质量、更高效益的方向发展。同时，新质生产力的发展还将催生一批新兴产业，进一步丰富现有产业结构，增强经济可持续发展的活力和韧性。

此外，产业结构的深度转型升级与新质生产力发展之间还存在相互促进、相互制约的关系。一方面，产业结构的优化升级为新质生产力提供了更好的发展空间和条件，可以促进新质生产力的快速成长；另一方面，新质生产力的发展又对产业结构提出了更高的要求，要求产业结构不断调整和优化，以适应新质生产力的发展需要。因此，两者之间形成了一种良性互动的关系，共同推动经济的持续健康发展。

综上所述，产业结构深度转型升级与新质生产力发展之间存在着相互促进的逻辑关系，充分认识两者之间的逻辑关系，通过深化改革、推动创新、优化政策等措施，可以促进产业结构的深度转型升级，为持续培育和发展新质生产力，推动我国经济社会实现高质量发展提供源源不断的动力支撑。

4 数字经济赋能新质生产力发展的国内实践

本章主要探讨的是数字经济赋能新质生产力发展在我国的具体实践，选取了我国比较有代表性的几个区域进行研究。首先，以长三角地区为例，分析上海、苏州、杭州和合肥如何通过全链条创新、智造驱动、数字城市建设和科技攻关等方式推动新质生产力的发展。其次，以珠三角地区为例，阐述深圳、广州和珠海如何通过创新驱动、开放合作、产学研合作和场景布局等手段加速新质生产力的成长。最后，以环渤海经济区和中西部地区为例，展示北京、武汉、西安和重庆如何通过突出区域特色、新兴产业布局、打造科技产业集群和传统产业改造等途径促进新质生产力的快速发展，这些实证案例为本书后续问题的剖析和路径阐释提供有益借鉴和启示。

4.1　长三角地区数字经济赋能新质生产力发展实践

长三角地区是我数字经济发展的重要区域，已成为中国数字经济和高质量发展的一个重要引擎，并不断带动和辐射周边地区经济发展。在数字经济推动下，长三角地区已经形成了一个较为完善的新质生产力发展体系，特别是在数字技术的研发和应用方面，长三角地区不仅在中国，甚至在全世界都占据领先地位。例如，5G 技术的快速布局和应用，为长三角地区数字产业和数字技术发展提供了坚实的基础。在数字经济和智能化的发展上，长三角地区展现了显著的协同创新能力，通过区域内的城市间合作和创新联动，形成了独特的"长三角模式"。这种模式在推动区域内产业结构的高端化和现代化升级方面起到了关键作用，为全球价值链的提升贡献了重要力量。通过数字化转型，长三角地区在提升产业链供应链稳定性和竞争力的同时，也在全球价值链中持续攀升。可见，长三角地区在数字经济赋能新质生产力发展方面表现出了强大的发展动能和创新能力，其一体化和高质量的发展策略为全国乃至全球提供了重要的经验和模式。

4.1.1 上海：以全链条创新全面驱动新质生产力发展

上海在数字经济赋能新质生产力发展方面出台了众多政策，上海市人民政府办公厅印发了《上海市数字经济"十四五"发展规划》，明确了到2025年年底上海数字经济的发展目标，包括增加值力争达到3万亿元，占全市生产总值比重大于60%，以及形成若干高价值数字产业新赛道布局等。该规划提出了拓展数字新产业、培育数据新要素、提升数字新基建等六项重点任务。2023年，上海市人民政府办公厅印发了《立足数字经济新赛道推动数据要素产业创新发展行动方案（2023—2025年）》，旨在贯彻国家关于网络强国、数字中国的战略部署，推动数据要素产业发展，促进数字红利释放，提升数字经济质量。上海计划到2025年建成数据要素市场体系，数据产业规模达到5 000亿元，以及建成数链融合应用超级节点等。

为了推动数字化转型，上海出台了《上海市促进城市数字化转型的若干政策措施》，明确建立全面激发经济数字化创新活力的新机制，规范平台经济市场秩序，激发国有企业数字化转型动力，运用数字技术优化产业链和供应链模式，从而消除制约上海数字化转型过程中的政策性门槛，为全面推进城市数字化转型提供制度保障。上海市还发布了《上海市推动制造业高质量发展三年行动计划（2023—2025年）》，通过打造现代化产业体系、提升高端制造引领功能、增强自主创新策源水平、推动数字化和绿色化转型等措施，推动上海制造业的高质量发展。

通过出台相应的政策支持，上海在数字经济发展过程中取得了重要突破，成为我国数字经济发展推动高质量发展的重要引擎。在新质生产力发展成效方面，2023年，上海市工业战略性新兴产业总产值占比高达43.9%，集成电路、生物医药、人工智能三大先导产业规模达1.6万亿元，全社会研发经费支出占比4.4%，每万人口高价值发明专利拥有量50.2件，比例和数量均居全国前列①。上海深刻认识到发展新质生产力的重要意义，把其作为服务和支撑中国式现代化的重要方式。在推动科技创新方面，上海通过"从0到10"全链条创新来发展新质生产力，强调提高基础研发投入，健全市场化机制，以此推动新质生产力的发展。同时，上海致力于建设具有全球影响力的科创中心城市，上海拥有强大的产业基础和科技资源，在扩展现实（XR）、区块链、云计算、数字孪生等新技术领域具有突出优势。此外，上海还发布了三大"新赛道"产业行动方案，包括绿色低碳、元宇宙、智能终端三大产业发展新赛道。这些方案对于加快新兴产业集群的培育，支持创新企业上市，强化国际合作，以此推动经济高质量发展具有重要意义。

以全面推进城市数字化转型为例，上海计划通过构建数据驱动的数字城市基本框架，引导经济、生活、治理的全面数字化转型。上海通过增加科技创新供给，激发科技创新需求潜力，提升科技创新合作水平，从而推动新质生产力发展。自2010年起，上海开始推进智慧城市建设，实现了5G全覆盖，并建立了"一网通办"和"一网统管"系统，提高了城市管理的精细化和便捷化水平，这不仅提升了城市基础设施的水平，也使得城市管理更加高效和人性化。上海在城市管理中应用了数字孪生技术，如在南京大楼项目中，通过结合华为云、大数据、人工智能等技术，建立了大楼的数字孪生系统，这种系统支持对大楼进行实时监控和管理，提高了城市管理的效率和效果。"随申行"是国内首个由政府主导的"出行即服务"（MaaS）平台，市民可以通过该平台在上海的轨道交通、地面公交、轮渡等公共交通工具上实现刷码通行，极大地便利了市民的日常出行。

上海数字经济发展的过程中，有几点值得其他城市进行借鉴。①上海以问题为导向，立足发展新质生产力的战略背景，将其作为服务和支撑中国式现代化的重要方式，坚持系统思维，进行了一系列政策和发展战略布局。②上海在科技创新方面走在全国前列，通过"从0到10"全链条创新来发展新质生产力，强调提高基础研发投入比例，健全市场化机制。③上海全面推进城市数字化转型，构建数据驱动的数字城市基本框架，引导经济、生活、治理的全面数字化转型。④上海致力于建设具有全球影响力的科创中心城市，拥有强大的产业基础和科技资源，在扩展现实（XR）、区

---

① 沈开艳. 以新质生产力推动上海经济高质量发展［EB/OL］.（2024-03-20）［2024-04-01］. https://ie.sass.org.cn/2024/0320/c7010a566555/page.htm.

块链、云计算、数字孪生等新技术领域具有突出优势。⑤上海发布三大"新赛道"产业行动方案，包括绿色低碳、元宇宙、智能终端三大产业发展新赛道，从而加快新兴产业集群的培育，支持创新企业上市，强化国际合作，以此推动经济高质量发展。以上经验值得国内部分城市进行学习和借鉴。

4.1.2 苏州：智造驱动和数转融合驱动新质生产力

苏州以科技创新为核心，强化智能制造和数字化转型，推动数字经济和实体经济深度融合，促进新质生产力快速发展。2022 年，苏州发布《苏州市数字经济"十四五"发展规划》，强调要把数字经济作为苏州经济社会发展的"新赛道"和"主赛道"。同时，苏州提出制造业在数字经济中的重要性，计划用 3 年时间完成全市 1.2 万家规模以上工业企业的智能化改造和数字化转型。这些战略布局和政策体现了苏州在数字经济方面的重点投资和发展方向。

在推动科技创新方面，苏州出台了《苏州市实施"八大工程"全面提升科技创新能力的若干政策》，提出了"八大工程"，即科技战略平台能级提升工程、高水平大学建设高峰工程、产业技术攻坚突破工程、创新型企业培育壮大工程、创新创业人才集聚工程、创新成果转化加速工程、科技金融赋能助力工程、开放创新合作拓展工程。这些工程通过科技创新推进产业创新，促进传统产业的升级、新兴产业的壮大和未来产业的培育，加快发展科技创新引领的新质生产力。对获评的苏州市独角兽培育企业，苏州将给予每年最高 200 万元的支持，最多支持五年，累计不超过 1 000 万元。此外，政策还强调了对高水平人才的引育，支持链主企业和龙头企业引进掌握核心技术和知识产权的创新创业领军人才（团队），每个符合条件的给予最高 5 000 万元的项目支持，鼓励企业加大研发投入、支持企业建设研发机构、推动高成长企业的持续涌现等。

通过政府的一系列支持和布局，苏州在数字经济方面的发展取得了显著成效。2022 年，苏州数字经济核心产业增加值占地区生产总值的比重达到 15.8%，电子信息产业产值超过 12 000 亿元，同比增长 6.2%，软件和信息技术服务业实现销售收入 2 014.3 亿元，对规模以上服务业的增长贡献率达到 60.2%。第三代半导体技术是苏州重点发展的前沿技术，这些技术是数字经济时代新兴产业自主创新发展的关键核心器件，苏州工业园区在第三代半导体产业方面已经位居全国之首。此外，苏州还重点发展基础软件、基础材料等关键核心技术，并鼓励产学研协同创新，2022年获批国家级、省级各类研发机构225家。苏州积极推进智改数转网联，实现规模以上工业企业全覆盖，并被评为国家中小企业数字化转型试点城市，工业互联网平台连接设备超百万台。苏州还启动了新三年行动计划，包括数字化评估诊断对标、全领域智能化升级、工业互联网赋能等多个方面，以进一步夯实"智造"根基。

4.1.3　杭州：打造数字之城发展新质生产力

为了加快数字经济赋能新质生产力发展，杭州大力发展数字经济，如推进"中国数谷"建设，加快数据交易所、数据发票、数联网和区块链建设，完善数据要素流通基础设施体系，为人工智能的发展提供强大数据支撑。杭州发布了《杭州市数字经济政策精华汇编（2024）》，包含13项数字经济相关政策，共48条具体措施，这些政策涉及软件和信息服务业、人工智能产业等多个方面，主要用于支持企业做大做强、加大研发投入、推广自主软件应用、培育创新平台等。杭州聚焦智能物联产业，实施了"1248"计划，以视觉智能为引领，涵盖云计算大数据、高端软件和人工智能、网络通信、集成电路等领域。杭州鼓励平台企业创新发展，并在城市治理、公共服务、城市生活品质提升等方面发挥了重要作用。杭州还支持消费、工业、农业、文化等互联网平台全领域发展，推动数字经济与实体经济的融合发展，形成一批智能制造新模式，如"未来工厂"等①。

在科技创新方面，杭州出台了更加全面的政策支持，杭州市人民政府提出了"315"科技创新体系建设工程，通过科技创新推动产业创新和升级。杭州注重科技成果的转化，提出了打造科技成果转移转化首选地的目标，并在科技成果转移转化供给侧、需求侧、服务侧三端协同发力，取得了明显成效。杭州聚焦智能物联、生物医药、高端装备、新材料和绿色能源五大产业生态圈，强化与省"415X"先进制造业集群建设的关联，各区（县、市）根据自身特点深耕细分赛道，推动产业生态圈建设。同时，在智能网联汽车的发展方面，杭州启动了智能网联汽车示范运营线路，推动数字经济和汽车产业的融合发展。杭州还积极推动制造业的数字化转型，

---

① 唐骏垚，金子倩. 杭州：高水平重塑全国数字经济第一城［N］. 浙江日报，2023-03-31(15).

如在萧山区深入推进制造业企业数字化转型，提升制造业的竞争力和创新能力。

通过一系列政策布局与支持，杭州在发展数字经济方面取得了显著成效，对产业结构的优化产生了重要影响。2023年，杭州数字经济核心产业增加值达到 5 675 亿元，占地区生产总值的比重达到 28.3%，其中数字经济核心产业制造业增加值增长 4.5%，明显高于规模以上工业增速，这表明数字经济已经成为杭州经济增长的重要推动力。数字经济的发展推动了杭州产业结构的优化和调整，如服务业增加值的增长显著，2023年杭州服务业总产值达到 14 045 亿元，比上年增长 7.2%，对经济增长的贡献率达到 89.0%。其中，以信息软件业为主体的营利性服务业增加值增长 9.3%，对杭州经济的贡献显著。

在制造业的数字化转型，杭州通过"产业大脑+未来工厂"的建设，全面推广智能制造新模式，这种数字技术与先进制造技术的深度融合，推动了制造业的高质量发展，助力杭州从传统制造业向智能制造转型。同时，杭州聚焦智能物联、生物医药、高端装备、新材料和绿色能源等新兴产业，通过重大产业项目的加速落地和产业链的完善，推动了新产业和新产品的多面发展，为杭州经济的发展注入了新的活力。数字经济的发展对杭州产业结构的优化起到了关键作用，不仅推动了经济增长，还促进了服务业和制造业的转型升级，以及新兴产业的发展，有力推动了新质生产力的发展。

4.1.4 合肥：以科技攻"尖"优势驱动科技发展

合肥在发展数字经济方面采取了一系列的政策和支持措施，这些政策不仅推动了数字经济的快速发展，也为城市带来了显著的成效。合肥坚持把科技创新作为发展新质生产力的核心要素，通过持续探索"科技强—产业强—经济强"的发展路径，实现了科技创新与产业创新的紧密结合。合肥的产业布局从早期的"芯屏汽合"到"急终生智"，再到当前聚焦低空经济、量子信息等未来产业，展现了其在产业发展上的前瞻性和战略性。合肥还着力构建高能级创新平台体系，包括建设大科学装置、科学中心研究院等，以促进前沿科技成果的转化和应用。

合肥通过设立产业链专班负责制，对明确的战略性新兴产业进行专人负责、专班研究和专项政策支持，以推动产业的高效发展。在营商环境方面，合肥市优化营商环境作为"永不竣工"的工程，出台了一系列行动方案，改革创新示范区建设，致力于打造市场化、法治化、国际化的一流营商环境。在发展低空经济和合成生物方面，合肥在低空经济和合成生物等前沿科技领域进行积极探索，如无人驾驶飞行器的应用和合成生物技术的应用，为经济发展注入新动能，这些战略布局突出了合肥自身特色，值得其他城市借鉴和学习。

《合肥市"十四五"数字合肥发展规划》提出，到 2025 年，合肥数字经济核心产业增加值占地区生产总值的比重将达到 14%。该规划明确了合肥在数字科技创新、数字基础设施、数字政府、数字社会等领域的重点发展目标，旨在构建全域感知、泛在融合、安全可靠的数字基础设施体系，全面提升数字化治理能效满足人民群众对数字化公共服务的更高需求。多层次多方面的政策布局，推动了大数据产业园区的建设，合肥庐阳大数据产业园等 13 家园区被认定为合肥市大数据产业园区，这些园区通过提供免租政策、金融和税收扶持等方式，吸引了一大批大数据企业入驻，形成了具有竞争力的产业集群。2020 年，合肥数字经济规模超 4 000 亿元，占地区生产总值比重超四成，2021 年，合肥数字经济核心产业增加值占地区生产总值比重约为 10%，并被认定为数字经济"新一线"城市。同时，合肥着力推进制造业的数字化转型，通过实施工业互联网创新发展计划，构建"20+80"梯次升级体系，推动规模以上工业企业关键工序数控化率不断提升。

4.2　珠三角地区数字经济赋能新质生产力发展实践

珠三角地区是中国改革开放的前沿和先行区，也是中国经济最活跃和最发达的地区之一。在数字经济赋能新质生产力发展方面，珠三角地区展现出了显著的优势和特点。首先，珠三角地区拥有良好的产业基础和完善的产业链，特别是在电子信息、互联网、大数据、人工智能等领域具有领先地位，这为数字经济的快速发展提供了坚实的基础。其次，珠三角地区拥有丰富的人才资源和创新资源，聚集了大量的高校、科研机构和高科技企业，吸引了大量的优秀人才和创新创业团队，这些人才和团队在数字经济领域发挥着重要的作用，推动着新质生产力的发展。最后，珠三角地区各级人民政府积极出台政策,特别是深圳、广州和珠海最具代表性,出台了一系列的政策和规划,包括加大数字基础设施建设、推动数字产业化和产业数字化、促进科技创新和人才培养等,这些政策和措施为数字经济的快速发展提供了有力的保障。

4.2.1 深圳:以创新驱动和开放合作推动新质生产力发展

2021年,深圳颁布了《深圳市数字经济产业创新发展实施方案(2021—2023年)》,明确了深圳数字经济产业的定义、发展思路和目标,计划到2023年,数字经济产业增加值突破1 900亿元,软件业务收入突破10 000亿元,并提出了产业规模持续扩大、创新能力显著提升、支撑体系更加完善、集聚效应明显增强等具体目标,从而加快推动深圳数字经济产业的发展,并着力打造国家数字经济创新发展试验区。在数字贸易方面,深圳发布了《深圳市数字贸易高质量发展三年行动计划(2022—2024年)》,计划到2024年,使数字贸易进出口总额达到630亿美元,并构建数字技术创新引领的数字贸易生态圈,推动深圳市数字贸易的高质量发展,聚焦知识产权服务出口、云服务进出口、数字内容进出口、跨境金融、跨境电商等领域,培育新业态新模式,充分释放数字贸易新动能。

此外,深圳"十四五"规划提到,要在"十四五"期间打造全球数字先锋城市,重点在数字经济、数字基建、数字政府、新型智慧城市建设、数字生态等多个方面发力。同时,深圳计划实施"5G+8K+AI+云"新引擎战略,加快发展人工智能产业,建设新一代人工智能创新发展试验区,并建成5G基站超6万个,打造全球领先的数字基建。以福田区支持政策为例,福田区发展和改革局发布了《深圳市福田区支持数字经济高质量发展若干政策》,重点支持数字新基建、数字新科技、数字新智造、数字新金融、数字新文化、数字新商贸等企业,提供包括认定支持、租金支持、运营支持、招商引资支持、双千兆创新应用支持、智慧能源基础设施支持等在内的多项政策支持,这些政策和支持措施体现了深圳在数字经济赋能新质生产力方面的全面布局和创新。

华为是深圳发展新质生产力最有影响力和代表性的企业。华为始终坚持技术创新,每年将收入的10%以上投入研发中。这种持续的高投入使得华为在5G、人工智能、云计算等领域取得了世界领先的成果。同时,华为注重科技发展的全球布局,它的业务遍及170多个国家和地区。华为通过全球化布局，充分利用全球资源和市场，实现了业务的快速增长。华为十分注重产业链的整合和协同，从芯片设计到手机制造，从通信设备到云服务，实现了产业链的全面布局，增强了产业链的协同效应。在人才引进和培养方面，华为重视人才的培养和激励机制，通过股权激励等方式，吸引和留住了一批优秀的人才，为公司的持续发展提供了人才保障。总之，华为的成功经验体现了持续创新、全球化布局、产业链整合、人才培养和以客户为中心等特点，这些经验为其他企业在新质生产力发展方面提供了有益的借鉴。

通过一系列布局和发展，深圳在数字经济赋能新质生产力方面依据城市本身优势形成了自身的发展特色。深圳始终坚持将创新作为第一动力，通过不断的技术创新和模式创新，推动产业升级和经济转型。深圳市人民政府出台了一系列支持新质生产力发展的政策，包括财政补贴、税收优惠、人才引进等，为企业创新和发展提供良好的环境。在产业链方面，深圳注重产业链的完善和集聚效应，通过吸引和培育一批具有核心竞争力的企业，形成完整的产业链条。在人才吸引方面，深圳实施人才优先战略，通过吸引和培养高层次人才，为新质生产力的发展提供人才支持。深圳积极与国际接轨，吸引外资和引进先进技术，推动国际的技术交流和合作，利用数字技术，推动数字经济与实体经济的深度融合，实现产业结构的优化和升级。同时，深圳构建了良好的创新创业生态，鼓励创业和创新，为新技术、新产业、新模式提供发展空间。

4.2.2　广州：强化产学研合作，激活新质生产力

广州经济发展和科技发展在我国具有显著的地位和影响力。在经济发展方面，2023 年广州的地区生产总值达到 30 355.73 亿元，同比增长 4.6%。其中，第一产业增加值 317.78 亿元，增长 3.5%，第二产业增加值 7 775.71 亿元，增长 2.6%；第三产业增加值 22 262.24 亿元，增长 5.3%，广州的经济结构在持续优化。科技发展方面，广州在粤港澳大湾区建设中发挥着重要作用，积极推进经济高质量发展。2024 年，广州的地区生产总值增速预计不低于 5%，固定资产投资预计增长 6%，社会消费品零售总额预计增长 5.5%。广州还在新能源汽车产量、广交会展览面积和参展企业数量等方面取得了显著成绩。此外，广州在科研城市排名方面跃升至全球第八位，显示出其在科技创新方面的强大实力。从以上数据可以看出，广

州强大的经济实力和科技实力为数字经济赋能新质生产力提供了重要基础，同时新质生产力的不断发展进一步带动和提升了广州经济和科技的发展水平。

在政府政策支持方面，广州出台了《广州市数字经济高质量发展规划》，计划到 2025 年，广州数字经济核心产业增加值占地区生产总值比重达到 15%，并构建"五区三都三城"的发展格局，"五区"即数字创新发展引领区、数实融合发展示范区、数据价值转化活力区、数字开放合作先行区、数字生态治理试验区。同时，广州突出重点领域发展，特别是在人工智能、大数据、云计算、区块链等前沿产业以及半导体和集成电路、超高清视频和新型显示、软件和信创等领域实现新突破，并形成相应的千亿级产业链群。此外，广州在数字经济赋能新质生产力发展过程中重视数字基础设施建设，构建了智能化综合性数字基础设施体系，包括 5G 应用、千兆光网覆盖、城市泛在感知网络等，以支持数字经济发展。在数字化转型方面，广州推动传统优势制造业产业集群的数字化、网络化、智能化、绿色化发展，并培育一批国家级专精特新"小巨人"企业和制造业单项冠军企业。在数字治理方面，广州不断加强政务服务"一网通办"和城市治理"一网统管"，提升数智治理能力，包括数据资源体系建设和数据交易所等要素市场建设，这一措施使广州的治理能力得到了进一步提升。

广州在数字经济赋能新质生产力发展过程中，特别强调产学研用的结合，以推动数字经济的高质量发展。广州市大湾区现代产业发展研究院与广州大学、紫为云科技以及广东省数字经济发展中心等机构签署了多项战略合作协议，以充分发挥产学研用的优势互补和资源叠加效应，推动数字经济与产业的融合，促进数字技术的应用和高层次数字人才的培养。以广州大学与广州市大湾区现代产业发展研究院的合作为例，这一合作依托双方的优势学科和研究平台，推动相关学科的创新发展，围绕国家和区域的重大需求，开展管理类、艺术类和数字化等学科共建，并同步进行高层次人才的联合培养。双方还将探索建立新型科技成果转化与推广体系的合作机制，共同承担社会各界委托的研究任务，加快科研成果的转化和孵化。又比如，广州紫为云科技与大湾区现代产业发展研究院的合作，重点在于实现人工智能+教育的高质量发展，将结合 AI 场景设计和教育教学的数字化发展特点，推进教育数字化，从而促进教育公平和提升教育质量。广州产学研合作的不断加强，不仅紧扣数字经济高质量发展的主线，服务于实体经济，还为广州市数字经济的发展与场景应用、平台搭建和价值转化提供了多元化的支持。

4.2.3 珠海：从"给政策"转向"给场景"，加快布局新赛道

珠海在发展新质生产力方面出台了一系列政策。2024年的珠海市人民政府工作报告明确指出，珠海将重点发展新质生产力，以科技创新引领产业创新，并加快构建现代化产业体系①。珠海还计划通过加大创新力度和培育新兴产业来推动经济高质量发展。珠海还提出了低空经济和"云上智城"发展战略。低空经济包括无人机飞行器、雷达系统、飞控及导航系统等，珠海已集聚了40多家相关领域的上下游企业。同时，珠海不断推进大数据、云计算、人工智能等前沿技术，以推动城市管理和治理能力的现代化。具体政策方面，珠海出台了《关于支持数字经济高质量发展的实施意见》，指出到2025年，珠海市数字经济将进入跨越式发展新阶段。该意见提出实施"十大工程"，以推动数据价值化、数字产业化、产业数字化、数字化治理，目标是到2025年，数字经济核心产业企业增加值突破1 200亿元，占地区生产总值比重达到20%。这些政策和战略规划体现了珠海在发展数字经济，推进新质生产力发展中的战略重点和方向。

在新质生产力发展中，珠海十分重视数字产业化的发展。珠海致力于新型基础设施提升工程，不断优化信息基础设施，加快建设5G政务专网，推动千兆光纤网络向行政村延伸，部署基于IPv6的下一代互联网和公共无线网络。此外，珠海还大力发展物联网设施，如NB-IoT（窄带物联网）和移动物联网，推进数据中心和边缘计算技术应用②。在数字经济核心产业跃升工程中，珠海计划做优电子信息制造产业集群，加快发展电子元器件产业和高端打印设备产业，同时，做强集成电路产业集群，聚焦5G通信、汽车电子、工业控制等行业需求，推动集成电路设计、EDA工具研发和IP核设计服务领域的发展。

珠海支持本地高等院校加快推进数字经济相关学科建设，鼓励高校在

---

① 解码珠海新质生产力：从"给政策"转向"给场景"，加快布局新赛道 [EB/OL].（2024-01-31）[2024-04-18]. https://www.21jingji.com/article/20240131/herald/f9bad129b9e31247c584a5722d09a63e.html.

② 珠海市发展和改革局.珠海市加快数字化发展2023年工作要点 [EB/OL].（2023-10-24）[2024-02-27]. https://sqzc.gd.gov.cn/rdzt/szjjfz/dszc/content/post_4270811.html.

专业设置、师资配备、招生规模等方面向数字人才倾斜，支持企业与高校、科研院所共建联合实验室、实习基地等，以培养数字人才，加强数字人才培养和供给。珠海推动工业企业基于数字技术开展制造流程、工艺、模式、业态等创新，深入实施产业集群数字化转型工程，推动 PCB、家用电器、打印耗材等产业集群的数字化、网络化、智能化升级。在数字商贸创新发展工程中，珠海大力发展直播电商经济，支持各区培育引进直播电商产业链企业和带货主播，同时推动传统国际贸易数字化转型，支持云服务、数字内容、数字服务等数字贸易产业的发展。此外，珠海还十分重视智慧文旅重构工程建设，推动文化创意产业发展，支持文化产业示范园区建设，推动数字产业集聚，优化完善"智慧文博云"管理服务系统，提升数字化、信息化手段在文物保护、活化利用、展示传播等方面的应用。

4.3　环渤海经济区和中西部地区新质生产力发展实践

环渤海经济区地理位置优越，拥有丰富的自然资源和人力资源，是中国北方地区经济最活跃的地区之一，早在 20 世纪 80 年代，我国政府就开始推动这一区域的经济发展。近年来，环渤海经济区的经济发展速度加快，产业结构不断优化，已经成为中国北方重要的经济增长极。环渤海经济区是中国北方经济发展的重要引擎，对于推动中国北方地区的经济发展和社会进步具有重要意义。环渤海经济区的经济发展能力为新质生产力的发展奠定了重要基础，在实证研究方面，本书选择最具代表性的北京进行研究。

4.3.1　北京：突出各区特色，加快新兴产业和未来产业布局

北京采取了多项政策和战略布局，以加速科技创新和产业升级。北京市人民政府制定了《北京市促进未来产业创新发展实施方案》，强调以前沿技术能力供给引领新场景、创造新需求，并系统构建技术产品化、产品产业化、产业规模化的全链条未来产业生态，以贯彻创新驱动发展战略，推动北京教育、科技、人才优势转化为产业优势。在高新技术企业政策支持方面，北京实施了"三大工程"以进一步支持和服务高新技术企业的发展，即"筑基扩容""小升规"和"规升强"三大工程，通过分阶段的培

育和支持服务，促进企业的发展和壮大。北京提前布局高精尖产业发展，在其"十四五"时期的高精尖产业发展规划中，提到了先进制造业、软件和信息服务业、科技服务业等多个产业，并强调这些产业在构建现代产业体系中的关键作用。北京市人民政府还发布了《北京市"十四五"时期国际科技创新中心建设规划》，提出要构建国家实验室体系、加速北京怀柔综合性国家科学中心建设等多项举措，以加强战略科技力量，加速提升创新体系整体效能。

同时，北京持续深化科技体制改革，以激发创新活力。这包括加强科技体制改革战略谋划，推进科技系统机构改革，以及出台一系列科技体制改革的重要文件。在推动科技成果转化方面，北京出台了《北京市促进科技成果转化条例》，进一步强化了科技成果转化的政策体系建设，促进科技成果从样品到产品再到商品的转化。此外，北京支持建设世界一流新型研发机构，包括加强科技创新统筹、主动承接国家重大科技任务，以及推动产业链上下游的战略协作和联合攻关，以不断推动科技创新发展。北京还出台了《北京市关于推动科技企业孵化器创新发展的指导意见》，以加快建设北京国际科技创新中心和中关村世界领先科技园区，推动科技成果转化、加速硬科技创业和服务高精尖产业发展。以上政策的出台构成了北京在推动高新技术创新、战略性新兴产业和未来产业发展中的全面战略布局，也突出了北京发展新质生产力的战略重点。

在数字经济发展中，北京提出了"建设全球数字经济标杆城市"的战略目标，这既是北京在数字经济建设领域的一个宏大愿景，也是一项巨大的挑战，标志着北京数字经济发展进入 3.0 阶段，实现了逐级提升的跃迁式发展。北京在一些重点领域，如交通、医疗等领域的数字化进程加快，推出了国内首个绿色出行"一站式"服务（MaaS）平台，智慧交通一体化出行服务取得明显进展。在数字基础设施建设方面，2023 年，北京市数字经济核心产业固定资产投资额增长 14.4%，累计建设 5G 基站 10.6 万个，每万人拥有 5G 基站数 48 个，居全国第一。

为了突出各区特色，北京正在布局数字经济"一区一品"新格局，以加快智慧城市建设，推动新一代信息技术和城市基础设施深度融合，并加快打造新型应用场景。比如，海淀区作为全市数字经济创新发展"高地"，在人工智能、集成电路、基础软件与网络安全等领域持续发力。截至 2023年年底，北京市数字经济增加值达到 18 766.7 亿元，同比增长 8.5%，占地区生产总值的 42.9%，较上年提高 1.3 个百分点。综上可以看出，北京在数字经济的发展过程中表现出了显著的规模增长、重点领域的发展成效、持续的数字基础设施建设、各区特色化发展以及新兴数字产业的快速发展，这些成就体现了北京在数字经济领域的领导地位和前瞻性战略布局。

4.3.2 武汉：以"新"促兴，加快发展新质生产力

武汉在发展数字经济方面制定了一系列政策和规划，2022 年，武汉发布了《武汉市数字经济发展规划（2022—2026 年)》，强调了需求与供给的平衡、政府与市场的协同、效率与公平的兼顾，以及安全与发展的统筹，以实现数字基础设施的新效能、形成数字核心产业的新优势、促进数字深度融合注入新动能，以及探索数字治理模式的新路径，从而推动数字产业化、产业数字化、数字化治理和数据价值化。同时，武汉以科技创新为引领，不断加速发展新质生产力。2023 年，武汉在创新资源要素的集聚、自主研发的硬科技成果、科创成果的转化等方面取得了显著进展。2024 年，武汉继续聚焦科技创新，提出了一系列重点建设任务和新政策，致力于打造全国科技创新高地。在数据基础制度建设方面，武汉成立数据局，负责推进数据基础制度建设、数据资源的整合共享和开发利用，以及数字武汉、数字经济、数字社会等方面的规划和建设，这些举措为通过数据赋能经济高质量发展、社会高效能治理和人民高品质生活，为发展新质生产力提供了强有力的数据支撑。以上这些政策和规划共同构成了武汉在数字经济方面的发展框架，即通过科技创新、数据驱动和产业发展，推动城市经济的高质量发展。

武汉以"闯关"精神加快推动产业转型升级，尤其在五大优势产业方面取得了显著成就。武汉在光电子信息产业领域取得了重大突破，全球首款 65 英寸 8K 印刷 OLED 曲面显示屏在武汉下线并首发，这一成果体现了武汉在光电子信息领域的创新能力和市场领导地位。武汉在新能源汽车和智能网联汽车领域也取得了快速发展。在生命健康领域，武汉的海特生物研发了全球首创新药沙艾特，展示了武汉在生物医药研发方面的实力和潜力。同时，在高端装备产业领域，华工科技研发出我国首台核心部件 100%国产化的高端晶圆激光切割设备，这不仅体现了武汉在高端装备制造领域的创新能力，也标志着国产化进程的重要里程碑。在北斗产业方面，武汉大学将全国 3 万多个卫星导航基准站定位精度提升至厘米级，这一成

就展示了武汉在北斗导航领域的技术实力和应用能力。这些突破性发展不仅提升了武汉在全球相关产业的竞争力，也为武汉的产业转型升级提供了强大动力。

4.3.3 西安：以硬科技产业集群为核心加速发展新质生产力

西安在数字经济的发展方面与航空航天产业深度融合，突出自身优势和特点，共同推动了生产力的增长和创新。西安在数字经济领域的发展具有显著的创新研发优势和丰富的应用场景优势，相继出台了《西安市"十四五"产业发展规划》和《西安市"十四五"数字经济发展规划》，对数字经济的未来布局进行了详细规划，强调了数字产业化和产业数字化，以及强化数字基建、数据要素、数字技术三大要素供给，全面推动数字经济与实体经济的深度融合。

在航空航天产业方面，西安航天基地作为我国唯一以航天产业为特色的国家级经济技术开发区，正在加速数字经济的发展。西安航天基地在数字经济领域的发展取得了积极成效，如京东航天数字经济示范园、西安航天基地人工智能平台，这些平台的发展不仅提升了航天基地在数字产业方面的影响力，也加速了航天产业的数字化转型①。西安在"十四五"数字经济发展规划中指出，2025 年全市数字经济核心产业增加值占地区生产总值比重不低于 10%，将西安打造成为西部领先、具有广泛影响力的数字经济创新发展高地。该规划还强调了信息基础设施建设、数据资源创新应用体系的完善，以及传统产业数字融合转型的成效，这些都将进一步推动西安数字经济的发展。总之，西安把数字经济和硬核产业相融合，在推动新质生产力发展上突出本地特色。

西安以硬科技产业集群为核心，助力科技创新穿越"死亡谷"。目前，西安已经形成了电子信息、汽车、航空航天、高端装备、新材料新能源 5 个千亿级的硬科技产业集群。西安在电子信息领域发展迅速，特别是在半导体产业方面发展迅速。例如，三星（中国）半导体有限公司在西安的投资和发展，提升了西安在电子信息产业中的地位。西安的汽车产业也在快速发展，数字化智能工厂的应用，使得汽车生产过程更加自动化和智能化，数字化和智能化技术的应用使得汽车制造业更加高效和先进。航空航

---

① 西安航天基地宣传部. 航天基地加速发展数字经济 获批市级数字经济示范区 [EB/OL]. (2020-07-23) [2024-03-28]. http://xcaib.xa.gov.cn/xwdt/jdxw/5f1920f0f99d650300c3aa21.html.

天产业是西安的发展优势，西安被誉为"中国航空城"和"航天动力之乡"，在航空航天领域拥有显著优势，拥有多个航天领域的国家级重点实验室，集聚了大量的科研人员和生产力量，这一产业集群对于推动科技创新和产业升级具有重要意义。西安在火箭动力、卫星载荷、测控、通信等航天主导产业领域处于国内领先地位，为"嫦娥"探月、"天问"探火、中国空间站等重大科技项目提供了有力支持。在高端装备产业上，高端晶圆激光切割设备的研发，体现了西安在高端装备领域的创新能力和市场竞争力。这些产业集群的发展不仅提升了西安在相关领域的技术创新能力，也为传统产业的转型升级提供了强大的技术支持，从而推动了新质生产力的快速发展。这些产业集群通过技术创新、产业升级和可持续发展，为西安城市经济的高质量发展提供了强大动力。

4.3.4 重庆：改造提升传统产业，培育壮大新兴产业

重庆在数字经济赋能新质生产力发展方面采取了多项战略布局和政策支持。2021 年，重庆市人民政府发布了《重庆市数字经济"十四五"发展规划（2021—2025 年)》，用于加快打造"智造重镇"和"智慧名城"，推动数字产业化和产业数字化，促进数字经济和实体经济的融合发展。该规划提出了到 2022 年集聚"100+500+5 000"数字经济领域市场主体，打造千亿级数字经济核心产业集群，并到 2025 年建成具有全球影响力的数字经济创新发展高地。此外，重庆还在"渝快政+渝快办"和"城市大脑+综合场景"等方面取得了显著进展，如构建起党建统领整体智治新格局，推进了数字政务等 6 大系统，以及超大城市实时全量感知预警超级大脑的建设①。

在数字产业方面，重庆的数字产业增加值高速增长，笔记本电脑产量连续 7 年位居全球第一，同时，软件和信息服务业营业收入规模突破 2 000 亿元。重庆着重打造数字重庆，主要针对数字化技术、数字化思维和数字化认知的应用，通过数字化手段推动各领域工作体系重构、业务流程再造、体制机制重塑，从而推动市域经济社会发展质量变革、效率变革、动力变革。可以看出，重庆的优势在于数字基础设施的建设、数字产业的快速发展以及数字技术的广泛应用。

---

① 夏元，肖乔."从 0 到 1"数字重庆建设取得重大突破 [N]. 重庆时报，2024-04-08 (3).

重庆在推动科技创新，因地制宜发展新质生产力方面有着科学合理的布局和安排。在科技创新与产业创新深度融合方面，重庆注重科技创新在发展新质生产力中的核心作用，提出了以科技创新引领产业创新的发展策略，包括关键核心技术攻关和成果产业化方面取得进展，以及加强科技创新和产业创新的融合互动，从而推动制造业高质量发展和构建现代化产业体系。重庆正在大力推进现代化产业体系建设，加快发展新质生产力，这涉及利用科技创新推动产业创新，提高全要素生产率，不断塑造发展新动能新优势，促进社会生产力实现新的跃升。同时，重庆提出打造"33618"现代制造业集群体系，这是发展新质生产力的一个重要方向，该体系着重改造提升传统产业，培育壮大新兴产业，布局建设未来产业，从而为加快形成新质生产力提供产业基础。重庆还提出了"416"科技创新战略布局，围绕打造成渝综合性科学中心，加快建成一批高能级创新平台，强化川渝协同创新，这些布局涉及空天技术、人工智能、新能源、脑科学等前沿技术，以促进基础研究与重大专项的协同发力。

　　重庆正致力于发展新产业，如人工智能、网络通信、半导体与集成电路、软件与信息服务、生物医药、低空经济等战略性新兴产业。同时，重庆也在培育集聚新要素，如金融、贸易、结算、物流、研发等国家级、区域性总部功能机构，以提升重庆对高端资源要素的集聚吸附及决策配置能力。在数字基建方面，重庆正在加快全国一体化算力网络（成渝）国家枢纽节点和千兆光网建设，以及新一代数字集群专网、高可靠低时延车联网、工业互联网、卫星互联网的建设，以迭代升级"产业大脑+未来工厂"[1]。

---

[1]　彭劲松. 新质生产力，重庆如何培育？［EB/OL］.（2024-03-21）［2024-04-22］. http://cq.news.cn/2024/cqlh/gcy/pjs.htm.

5 数字经济赋能新质生产力发展的域外经验

数字经济赋能新质生产力发展不但要关注国内实践也要了解国外的发展现状，汲取有益经验"为我所用"。本章深入分析了美国、德国、日本、欧盟、韩国等国家或地区在数字经济背景下推动新质生产力发展的战略布局、政策支持及其成效。通过研究可以看出，首先这些国家（地区）将数字经济视为新质生产力发展的关键赛道，通过制定和实施具体的战略规划，确保数字经济成为推动经济增长和社会进步的重要引擎。其次，这些国家（地区）精准支持关键核心技术的研发与突破，通过政策引导和资金投入，加速技术创新和产业升级。再次，这些国家（地区）采取了综合性的数字产业政策"组合拳"，包括税收优惠、人才培养、基础设施建设等多方面的措施，以全面促进新质生产力的发展。最后，这些国家（地区）不断营造有利于新质生产力发展的文化环境，包括鼓励创新、容忍失败的社会氛围，以及强化知识产权保护、推动开放合作的国际环境。这些域外经验为我国在数字经济时代推动新质生产力发展提供了宝贵的参考，有助于我们更好地理解和把握全球发展趋势，加快我国新质生产力的培育和发展。

5.1 以数字经济为赛道布局新质生产力发展

各国政府通过出台相关政策和法案，为数字经济赋能科技创新发展明确方向，以及通过巨额财政投入直接支持数字科技发展。美国的数字经济战略发展具有全局性、长远性和系统性特征，涵盖了基础设施建设、技术创新、网络安全、国际竞争等多个方面。2020年9月，美国颁布了《量子网络基础设施法案》，拨款1亿美元推进国家量子网络基础设施建设，该法案支持研究和开发量子技术，包括量子计算、量子通信和量子传感，以及相关的网络基础设施。该法案还鼓励公私合作，以加速这些技术的商业化应用，并确保美国在这一领域的全球领导地位。2021年1月，美国成立国家人工智能倡议办公室，专门负责监督和实施国家AI战略。

2021年6月，美国颁布了《2021美国创新和竞争法案》，该法案提供了大量的资金支持，用于进行基础技术和先进技术研究，计划5年内投入约2 500亿美元用于人工智能、半导体、量子技术、生物技术和先进能源等技术的研发。该法案还强调了创新生态系统的建设，包括支持STEM教育和研究机构的合作。2022年8月，美国颁布了《芯片与科学法案》，聚焦于半导体产业，旨在通过大规模的投资促进美国的半导体研究和制造。该法案提供了大量的资金，用于建设新的半导体制造设施、研发先进芯片技术，以及扩大芯片相关领域的教育和劳动力培训。从上述法案可以看出美国政府在数字经济和科技创新方面的战略思维，即通过提前布局数字经济赛道，重视战略布局、资金投入以及数字技术人才培养，为长远的科技创新和数字经济的发展奠定了坚实的基础①。

欧盟的数字经济战略发展涵盖了基础设施建设、技术创新、网络安全、国际竞争等多个方面，旨在全面提升欧盟在数字经济领域的竞争力。欧盟制定了一系列数字化转型战略规划，如《塑造欧洲的数字未来》《欧洲新工业战略》《欧洲数据战略》和《人工智能白皮书》等文件，重新定义并扩大其数字主权，建立基于规则和标准的数字空间框架。例如，《塑造欧洲的数字未来》涵盖了从网络安全到关键基础设施、数字教育到技能、民主到媒体的所有内容。欧盟委员会提议向"数字、产业和空间"集群计划投资150亿欧元，将人工智能作为重要目标。同时欧盟还意识到工业数字化转型是解锁欧洲未来经济增长的关键。为此，欧盟在整合成员国和地区已经出台的工业数字化战略的基础上，投入大量资金以支持工业数字化发展。2017年，欧盟发布了《欧洲新工业战略》，强调了创新和数字化在推动欧洲工业增长和竞争力方面的重要性，通过鼓励和支持数字技术发展，促进数字化和自动化技术的应用，以及支持中小企业数字化转型。

---

① 蒋华栋. 全球半导体竞争加速区域化重塑［N］. 经济日报，2024-05-27（4）.

此外，《欧盟新工业战略》还提出可持续性和环境友好型的工业发展模式，以及加强技能培训和人才培养，以应对数字化时代的挑战和机遇。此外，为了提升劳动者的数字技能，解决推进数字化转型中面临数字专家短缺以及民众数字技能水平偏低的困境，欧盟颁布了《欧洲新技能议程》和《数字教育行动计划》，旨在促进数字技术在教育领域的应用，提升欧盟劳动者的整体数字技能。2016 年，德国推出《数字战略 2025》，推动德国工业 4.0 的发展，提高德国在智能制造、物联网、大数据和人工智能等领域的竞争力。《数字战略 2025》还强调了数字化教育和培训的重要性，以及加强网络安全和隐私保护，确保数字化转型的可持续性和安全性。综上可以看出，欧盟不但关注数字技术的发展，更注重网络安全、工业数字化和劳动者数字技能的提升。

日本和韩国关于布局数字经济赛道助力新质生产力发展的经验值得我国借鉴。日本的数字经济战略发展涵盖了组织机构建设、数字战略、关键技术的政策制度、统合创新战略、数字社会形成基本法以及半导体和数字产业发展战略等多个方面。日本政府于 2021 年成立日本数字厅，作为推进数字社会进程的专门机构。日本的主要数字战略包括《综合数据战略》《科学技术创新基本计划（2021—2025）》和《综合创新战略 2021》，目的在于把日本建设成为世界顶级数字国家。日本明确了数据战略的基本思路，制定了社会愿景以及实现该愿景的基本行动指南。以《综合数据战略2021》为例，该战略通过促进数据利用和共享，提高公共服务的效率和质量，推动社会和经济的创新，强调了数据治理的重要性。此外，《科学技术创新基本计划（2021—2025）》则聚焦于推动科学技术创新，支持基础研究和应用研究，促进科研与产业的紧密合作。

2021 年日本国会公布了六部"数字改革关联法案"，其中包括数字社会形成基本法，这些法案标志着日本数字化的战略重心已从"网络建设"转向"数据活用"，日本数字社会正式迈入全新的发展阶段。2023 年日本政府还发布了《统合创新战略 2023》作为日本科技创新工作的指导，着重于推动尖端技术研发、构建可持续发展的强韧社会、推动社会变革和颠覆性创新等。《统合创新战略 2023》还强调了国家和企业合作推动相关领域的研发和应用的重要性，包括 AI 技术、量子技术、混合能源等。可见，日本不但重视数字技术的发展，更关注数字技术发展带来的数字社会的形成，并提前布局和规划。

2018 年，韩国提出《第四期科学技术基本计划（2018—2022）》，通过创新驱动发展，聚焦于人工智能、生物健康、能源环境和新材料领域，并强调基础研究和应用研究，进一步推动科技与产业的融合，促进国际科技合作。2021 年，韩国继续颁布"数字新政 2.0"，计划到 2025 年投资 220 万亿韩元用于"数字新政"关键领域。

5.2 精准支持关键核心技术研发与突破

在关键核心技术研发与突破方面，2022 年，美国出台了《芯片与科学法案》，对半导体产业产生了显著影响，也对全球半导体产业链的格局和竞争态势产生了深远的影响。该法案旨在通过提供财政拨款、税收抵免等优惠政策，强化美国半导体产业的供应链安全，维护国家安全。该法案提出为半导体产业提供约 527 亿美元的资金支持，鼓励企业在美国研发和制造芯片，对科学研究和 STEM（科学、技术、工程和数学）教育的资金投入将共计约 2 000 亿美元，该法案的目标是加强美国在半导体等尖端科技创新领域的竞争力和领导地位。为了加强关键核心技术的研发，美国还颁布了《基础设施投资与就业法案》和《通胀削减法案》，在清洁能源和半导体领域投入数千亿美元，支持研发和推动相关产业发展。

2021 年，美国颁布了《基础设施投资与就业法案》，该法案不仅涵盖了传统的基础设施，如道路、桥梁和铁路，还包括数字技术、气候变化、卫生健康等软性基础设施。2022 年，美国颁布了《通胀削减法案》，预计将 3 690 亿美元投资于气候变化和新能源项目，包括对新能源车和以前拥有电动车的可退税信贷，以及将投资税收抵免政策延期 10 年，抵免比例由 26% 提高至 30%。此外，该法案还新增了诸多新能源项目的税收抵免项目，旨在从需求端到供给端实现全产业链覆盖。这些法案的出台标志着美国政府在关键核心技术领域的重大投资，特别是在清洁能源和半导体领域，不仅为美国的科技创新和产业发展提供了强大的财政支持，也加强了美国在全球科技竞争中的地位。此外，美国出台了《2021 年创新与竞争法案》，建立了关键核心技术清单，主要针对芯片、5G 通信、人工智能、空间技术等 10 个关键核心技术领域。美国政府还发布了《关键与新兴技术国家战略》，确定了包括先进计算、人工智能、量子信息科学、生物技术等 20 个优先发展的重点领域。这一战略强调了美国在科技发展和安全方面的重视，以及对新兴技术发展态势的研判与战略指导。

欧盟颁布了《欧洲芯片法案》《外国补贴条例》《关键原材料法案》和《2030数字指南针：欧洲数字十年之路》等，以加强关键核心技术的研发与突破。为了加强欧盟在半导体领域的竞争力和自主性，欧盟颁布了《欧洲芯片法案》，该法案确立了包括强化欧盟在研究和技术层面的领导地位，建立并强化欧盟在先进、节能和安全芯片设计、制造和包装方面的创新能力，以及确保芯片供应链的弹性和减少对外依赖的五大目标。《欧洲芯片法案》还提出了财政补贴政策，计划在2030年之前投入430亿欧元，其中110亿欧元用于研发先进制程芯片技术。《欧洲芯片法案》的实施将加强欧盟在半导体领域的技术主权和供应链安全。为了确保欧盟的关键原材料供应安全，减少对外依赖，并促进这些材料的可持续生产和循环利用，欧盟颁布了《关键原材料法案》。《关键原材料法案》涉及的关键原材料包括稀土元素、锂、钴、镍等，这些材料在高科技领域和绿色技术中扮演着重要角色，《关键原材料法案》的实施将有助于欧盟在关键原材料领域的自主性和竞争力，同时促进循环经济和可持续发展。

此外，欧盟还颁布了《2030数字指南针：欧洲数字十年之路》，这项战略旨在推动欧盟在数字经济领域的领导地位，包括人工智能、量子计算、5G和6G通信技术等关键核心技术的研发和应用。通过实施这项战略，欧盟旨在成为全球数字技术的领导者，并促进数字经济的可持续发展。另外，德国在支持关键技术研发和突破方面也出台了一系列政策。2019年，德国成立了颠覆性创新局（SPRIN-D）来重点支持颠覆性创新，并协助联邦政府扮演风险投资者的角色，发现并支持具有巨大潜力的项目。德国还颁布了《未来研究与创新战略》，加强从研究到应用的转化，对新技术保持开放，增强德国的创新能力并确保欧洲的技术主权。

为了加强关键核心技术的研发，日本政府于2023年发布了《人工智能行动计划》，确定了11个核心行动领域，旨在加强AI领域的研发和应用，提升日本在全球AI领域的竞争力。日本为了不断强化高科技战略竞争能力，连续出台一系列战略规划及配套政策，加速中长期布局，强化战略竞争力，将量子技术、人工智能及生物科学定为三大"战略性科技"。

韩国通过颁布《国家战略技术培育方案》确定半导体和显示器、二次电池、氢能等12项"国家战略技术"进行重点培育，并推进其中50项重点技术研发。韩国发布的《第四期科学技术基本计划》和"数字新政2.0",专注于新兴技术如人工智能和无人驾驶等的发展。这些策略不仅精准支持当前技术发展的关键领域,而且强调对未来潜在技术领域的前瞻性投资,也反映了全球领先经济体对维持和增强其在数字经济时代全球竞争力的高度重视。韩国同时还颁布了《第 5 次科学技术基本计划(2023—2027)》,面向未来 5 年展望"科技创新引领大胆未来",重点实施三大战略,以便战略性开展国家研发事业、建立以民间为主的创新生态体系、以科技支撑解决悬而未决的国家问题。为了对碳中和必要的核心技术进行集中培育,韩国颁布了《碳中和绿色发展技术创新战略》,与 2050 年实现碳中和、2030 年温室气体减排的目标结合,确立执行期限与目标,并在各领域制定考虑产业价值链系统各要素的技术实施方案。

5.3 打出数字产业政策"组合拳"

全球领先经济体在推动数字经济的发展过程中,政府的角色和干预力度得到了显著加强。这些国家以维护"数字主权"和"网络安全"等理由,采取了一系列包括政治、财政、税收、司法和外交措施在内的综合性策略,形成了一个全方位的"组合拳"。

美国以"全政府、全社会"的方式构建数字经济的产业和经济优势,并确保其在全球数字经济竞争中的领导地位。政治层面,通过立法和政策来推动数字经济的发展,如出台《国家安全战略》《国家网络安全战略》《美国创新与竞争法案》等,旨在推动网络安全和技术创新,加强美国在关键技术领域的领导地位。财政支持方面,通过联邦预算,为关键技术研发和数字基础设施建设提供资金支持,如《芯片与科学法案》中就计划巨额投资于半导体和互联网基础设施建设。税收方面,通过提供相关的税收优惠,鼓励企业进行研发和创新。司法领域,通过反垄断调查等手段,维护市场竞争,防止市场垄断行为,以及通过实施严格的知识产权法律和网络安全法规,保护相关企业的权益。外交方面,通过与其他国家的双边或多边协议,推动数字经济的国际合作和标准制定。另外,美国还启动了数字连接和网络安全伙伴关系（DCCP），以建立开放网络①。

德国在推动数字经济的发展中，采取了一系列综合性措施，形成了一个全方位的"组合拳"。德国强化了政府在数字经济发展中的角色和干预力度，通过《未来研究与创新战略》等政策直接参与和推动关键技术的发展。同时，德国政府为颠覆性创新项目提供资金支持，如SPRIN-D机构的设立，以及为企业提供税收优惠，鼓励研发和创新。此外，德国还通过立法和监管，如《德国人工智能法案》，建立法律框架，在促进技术发展的同时确保伦理和隐私保护。在国际合作方面，德国积极参与国际组织和协议，推动数字经济的共同发展，特别是在欧盟框架内，这些措施不仅维护了德国的"数字主权"和"网络安全"，也推动了关键技术的创新和应用，提升了德国在全球数字经济中的竞争力和影响力。

法国在数字经济方面也采取了类似的措施，形成了一个全面系统的"组合拳"。法国政府通过政策直接支持关键技术的发展，如人工智能和量子计算。同时，法国政府投资于关键技术研发和数字基础设施建设，以及为企业提供税收激励，鼓励研发和创新。在法律和监管方面，法国通过法律和监管框架，确保数字经济的公平竞争和消费者权益。在国际参与方面，法国积极参与国际组织和协议，推动数字经济的全球合作。这些措施不仅维护了法国的"数字主权"和"网络安全"，也推动了关键技术的创新和应用，提升了法国在全球数字经济中的竞争力和影响力。

日本的政策包括政府主导、财政支持、税收激励、法律框架和国际合作等方面，形成了一个全方位的"组合拳"。日本政府通过《统合创新战略2023》等政策，主导关键技术的研发和应用。同时，日本政府为关键技术研发和数字基础设施提供资金支持，为企业提供税收优惠，鼓励研发和创新。在法律框架方面，日本建立法律框架，如《人工智能行动计划》，推动技术发展的同时确保伦理和隐私保护。在国际合作方面，日本与其他国家合作，特别是在亚太地区，推动数字经济和技术的发展。这些措施不仅维护了日本的"数字主权"和"网络安全"，也推动了关键技术的创新和应用，提升了日本在全球数字经济中的竞争力和影响力。

韩国的政策包括选定国家战略技术进行重点培育、实施科学技术基本计划、制定碳中和绿色发展技术创新战略等方面，形成了一个全方位的

---

① 李莉. 美国的印太数字经济外交：推进与前景 [J]. 印度洋经济体研究，2022（2）：1-18.

"组合拳"。韩国政府选定半导体和显示器、二次电池、氢能等 12 项"国家战略技术"进行重点培育，并推进其中 50 项重点技术研发。同时，韩国政府实施《第 5 次科学技术基本计划（2023—2027）》，面向未来 5 年展望"科技创新引领大胆未来"，重点实施三大战略。此外，韩国政府还制定了《碳中和绿色发展技术创新战略》，选择韩国碳中和必要的核心技术进行集中培育，这些措施不仅维护了韩国的"数字主权"和"网络安全"，也推动了关键技术的创新和应用，提升了韩国在全球数字经济中的竞争力和影响力。

综上所述，全球领先经济体在推动数字经济发展中，政府的角色和干预力度得到了显著加强，通过政治、财政、税收、司法和外交等多方面的综合性措施，这些国家不仅维护了"数字主权"和"网络安全"，也推动了关键技术的创新和应用，提升了他们在全球数字经济中的竞争力和影响力。

5.4　营造有利于新质生产力发展的文化环境

为了不断激发全社会的创新活力，发展战略性新兴产业和培育未来产业，抓住科技革命和产业革命变革机遇期，世界各主要经济体都非常重视营造有利于新质生产力发展的文化环境和创新氛围。美国一直以来都是科技创新的领先者，其创新氛围的营造得益于多个方面。美国拥有世界顶尖的高等教育和研究机构，如斯坦福大学和麻省理工学院，这些机构不仅培养了大量创新人才，也是许多科技创新的源泉。美国鼓励创新和冒险精神，鼓励个人和企业不断追求新的发展机会和技术突破，推行宽容创新的包容文化，接纳失败，容许多次尝试，形成了大胆创新的社会氛围。美国还强调知识产权保护，确保创新成果能够得到合理的回报，从而激励更多的创新活动。同时，美国的风险投资体系非常发达，为创新企业和创业者提供了强大的资金支持。

德国以其强大的制造业和工程能力闻名于世，其创新氛围的营造侧重于以下几个方面。德国政府通过《未来研究与创新战略》等政策，直接参与和推动关键技术的发展，德国通过营造精益求精的制造氛围，注重传统的工匠精神，强调产品与技术的精确度和可靠性，追求高质量的创新成果，并重视教育培训以及行业标准的制定和实施德国的教育体系注重实践和技能培养，与工业界的紧密合作确保了人才培养与市场需求的有效对接①。德国还建立了"弗劳恩霍夫应用研究促进协会"等机构，促进科研成果的转化与应用。德国还注重各领域之间的合作与联合研究，推动学术界、产业界和政府之间的合作，促进技术创新和转化。此外，德国政府通过提供财政资助和税收优惠等措施，鼓励企业进行研发和创新。

法国在科技创新方面也非常重视创新氛围的营造，法国政府通过政策直接支持关键技术的发展，利用其悠久的文化传统和艺术氛围为创意和创新提供丰富的土壤。法国政府还通过投资于关键技术研发和数字基础设施建设，以及为企业提供税收激励，鼓励研发和创新。此外，法国政府还通过立法和监管，确保数字经济的公平竞争和消费者权益。

英国拥有多元的文化背景和人才资源，通过吸引全球优秀人才，形成了一个多元、开放的创新生态系统。英国以其世界级的研究机构和高等教育体系而闻名，这些机构不仅是创新人才的培养基地，也是科技创新的重要源泉。英国政府通过提供资金支持和税收优惠等政策，鼓励企业进行研发和创新。此外，英国还强调知识产权保护，确保创新成果能够得到合理的回报，从而激励更多的创新活动。英国还建立了多个科技园区和创新中心，为创新企业和创业者营造了自由的创新氛围，支持市场环境开放，鼓励公平竞争，形成了较高的创新效率。

日本在营造新质生产力发展的文化环境和创新氛围方面，采取了一系列的措施。日本注重长期经营理念，鼓励企业建立可持续发展的企业模式，强调过程提高和产品完善，通过不断优化生产流程和提高产品质量，提升企业的竞争力。日本还十分注重产品质量和用户体验，以满足客户的需求和期望。同时，日本倡导持续的小步快跑式创新，通过不断的微小创新和改进，逐步积累成为重大的创新突破。这种创新方式鼓励企业持续探索新的可能性，推动新质生产力的发展。日本政府也通过制定和实施长期科技战略，直接参与和推动关键技术的发展。这些战略旨在通过政府与产业界的紧密合作，推动科技创新和产业升级。可见，日本通过强调长期经营理念、过程提高、产品质量和用户体验，以及持续的小步快跑式创新，营造了有利于新质生产力发展的文化环境和创新氛围，这种文化氛围促进

---

① 德国出台《未来研究与创新战略》[EB/OL].（2023-08-08）[2024-02-21]. https://bai-jiahao.baidu.com/s? id=1773662067644749242&wfr=spider&for=pc.

了科技创新和新质生产力的发展，使日本在全球经济中保持竞争优势①。

韩国政府非常注重创新和创业，通过选定国家战略技术进行重点培育，以及实施科学技术基本计划等政策，推动科技创新和新质生产力的发展。韩国的教育体系强调科学和技术的教育，培养了大量的工程师和科研人员，韩国政府还投资于关键技术研发和数字基础设施建设，为企业提供税收激励，鼓励研发和创新。此外，韩国政府还通过立法和监管，确保数字经济的公平竞争和消费者权益。

---

① 欧阳菲.日本企业永续经营之道 [J].清华管理评论，2014 (4)：52-58.

6 数字经济赋能新质生产力发展面临的困境与挑战

研究数字经济赋能新质生产力发展时，探讨其面临的困境和挑战至关重要，困境和挑战有助于我们提前预警和防范潜在风险，确保新质生产力发展的稳健和可持续。本章将深入剖析数字经济背景下，新质生产力发展所遭遇的六大挑战，包括要素供给与市场需求匹配的问题、产业升级转型的问题、创新生态系统构建的问题、科技创新技术成果转化的问题、数据要素的国际跨境流动的问题、科技创新人才培养机制的问题。通过系统认识和分析新质生产力发展过程中面临的现实困境，能够为后续解决问题、优化数字经济赋能新质生产力发展路径提供更为合理的思路和方向。

6.1 要素供给与市场需求匹配不够

数据要素是数字经济发展的核心和关键要素，对数据要素的深度改造和利用，会加速新质生产力的形成和发展。然而，新质生产力作为一种新生事物，在发展过程中不可避免会出现诸多问题和挑战。目前，在我国数字经济发展过程中存在数据要素供给和市场需求之间匹配不足的问题，主要表现为数据应用潜力释放不足、供给质量不高、流通机制不畅、供给侧结构性矛盾以及公共数据开放利用不足等方面。这些问题应该引起我们的重视，对这些问题的深刻挖掘和分析有助于明晰数据供给和市场需求的现状。解决数据供给和市场需求目前存在的问题和挑战，有助于为后续更好地解决问题和为数字经济赋能新质生产力发展提供科学、合理的发展方案奠定基础。

6.1.1　数据供给和数据需求的结构性矛盾

目前，我国数据要素市场总体规模处于不断扩大的阶段。根据中信通的数据，截至 2023 年 12 月底，中国数商企业超 200 万家，2022 全年中国要素市场规模超 1 000 亿元，同比增长 27%，预计 2025 年中国数据要素市场规模将突破 2 000 亿元。从宏观层面可以看出我国数据要素市场的规模巨大并处于逐步扩大的趋势。然而从微观上讲，目前我国数据的供给和数据需求在结构上还存在一定的不平衡，这个不平衡主要表现在数据的质量和数量上，具体表现为经济社会对高质量、高价值数据的需求与不平衡不充分的数据供给之间的矛盾。两者之间的矛盾是有侧重点的，主要在于数据供给的一方，也就是目前市场需求量大，要求高，但是数据的供给无法完全满足市场的需求，解决这个问题需要推动形成需求牵引供给、供给创造需求的更高水平动态平衡①。以语言数据为例，根据专家的预测和判断，模型训练中必不可少的语言数据将于 2040 年耗尽，其中能训练出更好性能的高质量语言数据将于 2026 年耗尽，而视觉数据预计将于 2060 年耗尽，未来合成数据将成为模型训练的关键数据。这一数据表明，目前迫切需要更高质量和规模的数据资源满足现有市场的需求，以及未来产业发展的需求。对于现有公共数据资源来讲，公共数据开放程度不够，不利于数据供给和需求的平衡。根据美国《开放政府数据法案》的规定，美国根据公共利益或个人权利划分数据类型，认为公共数据是可以被所有人公开使用的数据，这在一定程度上加强了个人和企业对公共数据的利用，为市场提供了巨大的数据资源。我国把数据分为公共数据、企业数据和个人数据，根据不同类型数据确定流通使用规范。目前，我国部分地区或部门开放的公共数据资源存在一定程度上的数据质量不高、数据价值低、机读性差等问题，"有数据无价值"问题存在，数据数量虽然庞杂，但实用性强的数据开放还有待提高，以满足市场和企业的新需求。因此，如何推动公共数据发展，就成为一个关键问题。

6.1.2　数据应用潜力释放不够

尽管我国是全球数据大国，数据作为新型生产要素在生产、分配、流

---

① 刘海军，翟云. 数字时代的新质生产力：现实挑战、变革逻辑与实践方略 [J]. 党政研究，2024（3）：45-56.

通、消费等多个环节中扮演重要角色，但数据的应用潜力并未得到充分释放，数据供给的质量、流动效率也有待提升。根据 2023 年 9 月中国信通院发布的《数据要素白皮书（2023 年）》，我国每年全社会数据量增长约为 40% 左右，但真正被充分利用的不足 6%。在我国已经建成的地方大数据交易所，北京、广东、上海等地的大数据交易所，目前还没有完成数据的完全整合，数据可发挥的潜在价值受限。随着人工智能、量子技术、5G 通信技术、基因技术的快速发展，对数据的质量和流量都提出了更高要求，数据潜力释放不够，流速不够将使数据成本提高，数据生产力效率随之降低，从而不利于新质生产力的发展。以人工智能为例，2023 年，以 ChatGPT 等为代表的 AIGC 技术在全球得到广泛传播与应用，大模型技术取得的颠覆性突破让人工智能技术发生了前所未有的变革，人工智能技术的深刻变革离不开高质量数据要素的驱动和发展。

可见，数据已成为未来人工智能竞争的核心要素，人工智能正在从"以模型为中心"快速向"以数据为中心"转变，这一转变和发展更加需要大规模、高质量、多样化的数据集提升模型效果和泛化能力。中国信通院数据显示，2021 年 Gopher 数据集已达 10 550GB，2023 年 GPT-4 的数据量更是 GPT-3 的数十倍以上。然而，由于人工智能领域高质量、高流通的数据集缺乏，数据供给产业生态不完善，企业数据资源获取成本高的问题依然存在并制约人工智能技术的发展。虽然我国目前各地方中文开源数据集开始出现，但是在规模和数量上远少于国际英文公开聚集，并且数据的质量有待提高。在数据产业生态方面，我国要素市场起步不久，关于数据所有权的规则规范、数据流通规则机制等还不够健全，企业要想获取高质量的人工智能数据资源需要投入的成本较高，难度较大。综上可以得出，数据资源潜力挖掘不够是目前数字经济发展面临的一个问题和挑战，将会制约新质生产力的发展。

6.1.3 数据治理机制和方法有待完善

数据要素的健康发展离不开完善、科学的促进机制来规范和引导数据要素向着更合理的方向流动，推动数据要素的高水平、高效率、可持续发展。在规范数据要素方面，2015 年实施大数据战略以来，我国 22 个省级行政区、4 个副省级城市出台了超过 30 份相关规范条例，部分地区针对数据发展提供了专项政策规划和支持，如深圳市发布的《深圳市数据交易管理暂行办法》《深圳市数据商和数据流通交易第三方服务机构管理暂行办法》规范了数据交易范围和市场主体行为。部分地区成立数据交易监管机制专责小组，率先以制度的形式明确建立跨部门协同监管的机制，如上海市《张江数据要素产业集聚区建设三年行动方案（2023—2025年）》《立足数字经济新赛道推动数据要素产业创新发展行动方案（2023—2025年）》等文件谋划了上海数据要素发展的体系性布局，在维护数据安全、强化数据安全产业的基础上，基于要素融合和生态构建，着力打造高水平的数据要素产业集聚区。

数字经济的快速发展需要政府各部门的政策支持和引导，2023年英国发布新版本的数字战略，德国通过全球首部自动驾驶法，欧盟发布多项数字技术法案，促进数据安全流动，目前我国在这方面还有很大的提升空间，需要进一步完善。对于数据所有权的保护，由于数据资源涉及个人信息、知识产权、商业秘密等多方利益，涉及数据生成、储存、加工、流通等各个环节参与者，数据所有权保护规范不够明确和完善，将会导致数据在交易过程中出现权利争端，从而不利于提高交易安全和效率，对新质生产力的形成和发展也会造成阻碍①。因此，需要更加完善的法律规范加以支持和保护。此外，随着数字经济飞速发展，数据监管方面还存在"一对多、多对一"的问题，因此，明确国家和地方数据管理权力划分，加快理顺各部门间的管理关系，也是目前数据发展的重要命题。

6.2　产业的深度转型升级有待推进

随着数字经济的深入发展，新技术、新要素带动了新的产业出现，传统产业在数字经济时代也开始转型升级。数字经济时代，随着新质生产力的不断培育和发展，利用数字技术对现有产业进行改造，可以提高生产效率和质量，创造新的商业模式和增长点。利用数字技术对现有产业进行改造的具体措施包括引入人工智能、大数据分析等技术，使生产过程更加智能化；利用云计算、物联网等技术，实现企业管理的数字化，优化决策过程；通过互联网平台，实现企业间的信息共享和资源协同，促进产业链上

---

① 王雅洁.加快形成新质生产力：关键环节、风险挑战与实现路径 [J].内蒙古社会科学，2024（2）：141-148.

下游企业的紧密合作，将传统制造业向服务化转型；提供基于数字技术的增值服务，如远程监控、智能维护等，构建数字平台，汇聚各方资源，形成开放、共享、协同的产业生态系统等；利用数字技术，实现产品和服务的高度个性化，满足消费者的个性化需求。

产业的持续转型升级已经成为数字经济时代产业发展趋势和必要。发达国家和发展中国家在产业升级转型方面的差距主要体现在技术创新、产业结构、政策支持、市场环境和基础设施建设等方面。可见，我们需要结合本国国情，学习发达国家好的做法和经验，通过持续的技术创新、政策支持和市场培育来逐步缩小与发达国家之间的差距。

6.2.1 我国产业升级转型现状

我国在产业升级转型方面正经历着从传统产业向未来产业和战略性新兴产业的转变，这一过程不仅涉及技术创新和产业结构的调整，还包括了对环保和可持续发展的重视。这些转变和升级旨在提升我国经济的整体竞争力和适应全球科技革命和产业变革的需求。在升级转型方面，传统产业需要融合吸收并广泛应用数智技术和绿色技术来加快自身转型升级改造。在现代化产业发展中，传统产业在现代化产业体系中扮演着至关重要的角色，它的转型升级有助于扩大国内需求，扩大对新兴产业和未来产业的需求，激励科技进步和技术成果转化。

关于战略性新兴产业，2022年我国战略性新兴产业的增加值占GDP的比重超过13%，并计划到"十四五"期末达到17%[①]。战略性新兴产业是新质生产力发展的重要载体和主场，这些产业包括新一代信息技术、人工智能、生物技术、新能源、新材料、高端装备和绿色环保等产业，它们为经济发展注入了强劲发展动力。2023年，我国战略性新兴产业的企业总数已突破200万家，其中，生物产业、相关服务业和新一代信息技术产业企业占比最多。在未来产业方面，2024年年初，工信部联合七部门发布了《关于推动未来产业创新发展的实施意见》，要求加快发展由前沿技术驱动的前瞻性新兴产业，主要包含未来制造、未来信息、未来材料、未来能源、未来空间和未来健康六大赛道，未来产业的发展是产业进行深度转型升级的重要方向标。

---

① 杜壮. 从业界新变化看战略性新兴产业的2023年［EB/OL］. （2024-01-16）［2024-04-21］. https://www.ndrc.gov.cn/wsdwhfz/202401/t20240116_1363298.html.

6.2.2 我国产业转型升级存在的问题

目前，我国虽然在产业升级转型方面已取得显著进步，但在数字化水平、关键前沿技术研发、产业结构和创新生态系统等方面的深度转型与发达国家相比仍存在一定差距。在数字化水平与技术应用方面，根据麦肯锡的研究，虽然中国制造商对工业4.0抱有极大的热情和期待，但在数字化转型方面的准备和实施策略上与发达国家相比还存在差距。数据显示，大约仅57%的中国企业对工业4.0做好了充分的准备，远低于美国（71%）和德国（68%），仅44%的国企声称已做好准备，而民企高达68%。这种不足主要表现在我国企业在制定明确的实施路径和系统化的实施工具方面相对不足，这导致在数字化运营体系、生态系统等方面还有一定的上升空间。

在具体实施方面，虽然43%的中国企业表示已制定了宏观的变革战略，只有9%的企业能真正细化到清晰明确的职责分工，而该比例在美国为33%、德国为35%、日本为21%。2024年，美国制造业充分利用了2021年和2022年通过的基础设施投资和就业法案、芯片法案和通胀削减法案进行产业转型升级，这些法案鼓励重建基础设施、推进清洁能源倡议和建立半导体产业，这些法案有助于企业实现深度转型。在我国，为了加速传统产业的转型升级，巩固和提升优势产业的主导地位，积极培育新兴产业和未来产业，推动人工智能（AI）赋能的新工业化，我国也出台了一系列相关政策。此外，在产业结构与创新生态方面，我国的高新技术产业虽然发展迅速，但在产业结构的高级化和创新生态系统的构建方面与发达国家相比仍有一定差距，数字经济发展虽然迅速，但在全球创新版图和经济格局中的地位仍有提升空间。

总之，数字经济时代，随着新质生产力的不断发展，我国对产业的深度转型升级将会愈加迫切。在产业深度转型过程中，我国面临的外部环境是复杂的、严峻的和不确定的，这给新质生产力的发展和产业深度转型带来了巨大挑战。加之，国内市场的有效需求相对不足，这影响了产业的稳定发展，部分行业存在产能过剩的问题，这导致了资源的浪费和产业的低效运行等。可见，在产业深度转型过程中不可避免存在多种风险隐患和挑战。但是，这些问题不是不可解决的，需要我们立足本国国情，积极寻找产业发展过程中存在的困境，积极提供合理科学的政策引导和支持，加大创新投入和市场培育等措施，共同推动数字经济时代的产业深度转型。

6.3 创新生态系统构建不够完善

随着数字经济时代的到来，创新生态系统成为数字技术、数字经济发展赖以生存的重要环境。数字技术的创新发展迫使组织形态发生边界模糊、组织开放的新变化，并逐渐演化出新的更开放、更高效、更数字化的创新生态系统模式①。创新生态是一个衍生概念，是基于生物学的视角和理论提出的。2004年，美国总统科技顾问委员会（PCAST）在《维护国家的创新生态体系、信息技术制造和竞争力》和《维护国家的创新生态系统：保持美国科学和工程能力之实力》正式提出该概念，并着重强调美国科技和经济在全球经济竞争、技术竞争中取得有力的竞争优势均得益于创新生态系统的构建②。在全球化背景下，创新生态系强调的是传统创新范式不断更替演进、生态隐喻思想与哲学观点相互交织，从而聚合形成的一种新型创新研究范式，它超越了传统的创新系统理论，更加注重创新与创业的结合，强调创新过程中各参与者的相互作用和动态演化。一个健康、可持续发展的创新生态能够推动新技术、新产品和新服务的开发，能够吸引和培养高技能人才，能够促进不同部门和主体间的合作与交流。创新生态的建立是推动一个国家或地区长期繁荣和可持续发展的关键。通过创造一个支持创新的环境，可以激发社会的创造力和活力，为经济的持续增长和社会的进步提供强大动力。

6.3.1 不同国家和组织的创新生态特征

不同国家和组织的创新生态构建，都表现出不同的内容和特征。以美国为例，美国创新生态系统中的主体主要包括政府、中小企业和新兴产业，主体之间相互作用，共同构成了一个开放、复杂、可持续发展的创新生态系统。其中，政府通过提供税收和财务支持，对新技术市场进行调控，中小企业和新兴产业则承担着创新决策、研发投入、科研活动、成果

---

① 魏江，刘嘉玲，刘洋. 新组织情境下创新战略理论新趋势和新问题［J］. 管理世界，2021（7）：182-197.

② 李万，常静，王敏杰，等. 创新3.0与创新生态系统［J］. 科学学研究，2014（12）：1761-1770.

转化等关键角色。此外，大学在这一生态系统中发挥着推进基础研究和教学的重要作用。同时，美国创新生态系统通过建设公共基础、激活私营部门、赋能国内的创新民众和构建创新友好环境这些重要机制共同作用，进一步提升国家的创新力和国际竞争力。硅谷是美国创新生态系统的典范，硅谷汇集了苹果、谷歌、Facebook 等大型科技公司，这些公司不仅自身进行创新，还通过收购初创企业等方式，促进整个生态系统的活力。

美国创新生态的运作模式是这样的，一个斯坦福大学的教授在某一科技创新领域取得了重要研究成果，那么这个研究成果将吸引风险投资者的注意并进行投资，这家公司得到了企业孵化器的支持，获得了办公空间、指导和资源以及更多人才的加入，和大公司建立合作关系的可能。同时，在这一过程中政府的政策支持、知识产权的保护等都提升了科技创新成果的转化速度。

德国的创新生态系统更加注重稳定而持续的创新基础，德国在制造业、工程和技术创新方面具有深厚的基础，特别是在汽车制造、机械工程和电子技术领域，为创新生态的构建提供了重要基础，特别注重与大学和研究机构紧密合作，推动科学成果的商业化[①]。此外，双元制教育体系（结合理论学习与实践）强调实践技能和创新能力的培养，为创新生态源源不断地输入人才养分，这是创新发展的关键要素。

6.3.2 我国创新生态建设存在的问题

数字经济时代，我国的创新生态系统正在飞速发展，取得了一系列重要成果，已经成为全球创新的重要参与者和引领者。我国十分重视创新生态的建设，提出"科技创新 2030 重大项目"和"国家重点研发计划"以大力支持基础研究和应用研究，同时我国拥有庞大的人才储备和市场商业需求，为创新发展注入强大动力。根据中国信通院发布的《全球产业创新生态发展报告》，我国的数字创新高地在全球创新版图中的影响力日益增强，我国数字创新高地的建设稳中提质，形成了"梯队发展、多点崛起"的稳定发展格局，京津冀地区突出源头创新优势，粤港澳大湾区以市场化优势叠加科技赋能，长三角地区则强化创新策源功能，三大区域以不同梯队、层次和分工共同构成我国的创新生态系统。

---

① 孙艳. 欧盟开放创新生态系统：理论、政策与启示［J］. 国际经济合作，2024（1）：73-84.

然而，随着数字经济的不断发展，以及新质生产力发展的新需求，我国创新生态系统也存在完善空间。由于基础研究相对薄弱，我国在科技研发方面的投入虽然逐年增加，但基础研究的比例相对较低，与世界科技强国相比仍有差距。在从科研到产业化的转化过程中，我国存在创新链条衔接不畅的问题，创新资源的配置和利用效率有待提高。我国正在积极推动国际科技合作，但受限于国际环境的变化，国际合作网络和开放度仍有提升空间。这些不足之处都是未来我国在创新生态构建中要着力提升的关键点，结合我国现有创新优势，未来创新生态的不断完善将有助于提升我国的创新质量和效率，以加快新质生产力的持续发展。

6.4 科技创新技术成果转化率有待提高

科技创新成果转化是指把科技创新活动中所产生的知识、技术和成果，通过市场机制、政策引导和产学研用合作等方式，转化为现实生产力和社会财富的过程。这一过程包括从科学研究到技术开发，再到产品试制、市场推广和产业化等阶段，是推动科技进步，提升国家竞争力的关键环节，也是推动经济发展的重要引擎。科技创新成果转化的核心在于"转化"二字，即将创新成果从实验室推向市场，实现其经济价值和社会价值，这一过程不仅需要科研人员的创新精神和技术能力，还需要企业家的市场洞察力和经营能力，以及政策环境的支持和引导。

因此，科技创新成果转化是一个复杂的系统工程，需要政府、企业、高校和科研机构等多方共同参与，形成良好的创新生态。通过科技创新成果转化，可以培育新的经济增长点，推动产业结构优化升级，提高全社会的创新能力和竞争力。同时，科技创新成果转化也是实现科技与经济深度融合的重要途径，有助于解决科技与经济"两张皮"的问题，促进科技与经济的良性互动。可见，数字经济时代，推动科技与经济深度融合是培育和发展新质生产力的重要途径，是实现经济社会高质量发展的必要手段。

6.4.1 世界各国科技成果转化现状

世界上其他国家或国际组织在科技创新成果转化方面出台了多种政策或法案，积极促进科技成果的转化和应用。1980年，美国通过了《拜杜法案》，该法案允许大学、非营利研究机构和小型企业保留联邦资助研究项目产生的专利权，并鼓励这些机构将这些专利权许可给企业进行商业化开发。通过允许研究机构保留专利权，该法案激励了大学和研究机构进行更多的创新研究。该法案还简化了技术转让的过程，使得研究成果能够更快地从实验室走向市场，通过专利的商业化，政府资助的研究项目能够为社会带来更多的经济和社会效益，增加了公共投资的回报，这一法案的出台不但提高了美国科技创新成果的转化，同时也对全球许多国家的科技政策和知识产权管理产生了深远影响。此外，美国还通过了《2021年创新与竞争法案》（USICA），要求在国家科学基金会（NSF）设立一个"技术与创新局"，以加速技术的商业化并加强美国在关键技术方面的领导地位。《2021年创新与竞争法案》支持关键技术重点领域的研究和技术开发，建立大学技术中心、学术技术转让中心和技术测试平台，并通过奖学金和研究金推动STEM（科学、技术、工程和数学）劳动力的培养和发展。

俄罗斯政府将2021年定为"俄罗斯科技年"，并批准了"2021年至2030年前基础科学研究计划"，旨在建立有效的科学研究管理体系，促进大学和实体经济的融合，以提升俄罗斯的科学地位。

美俄出台的相关政策和法案反映了两国政府在科技创新成果转化方面的不同策略和重点领域，旨在通过资金投入、法律框架和政策支持，提高科技创新成果的转化速度和质量，从而推动科技创新与经济发展更好融合。

6.4.2　我国科技创新成果转化的现状和问题

随着数字经济的发展，我国为加速科技创新成果转化提出了一系列政策和法规支持。2015年我国修订了《中华人民共和国促进科技成果转化法》，鼓励研究机构、高等院校通过转让、许可或者作价投资等方式，向企业或其他组织转移科技成果，促进科技成果首先在中国境内实施，促进科技成果转化为现实生产力，规范科技成果转化活动，加速科学技术进步，同时也保护了我国的公共利益和国家利益。2016年，国务院颁布了《实施〈中华人民共和国促进科技成果转化法〉若干规定》，进一步细化了促进科技成果转化的具体操作措施，鼓励研究开发机构、高等院校通过多种方式转移科技成果，明确了科技成果转化收益的收入分配机制，科技人员的激励措施，以及科技人员在科技成果转化中的权利和义务。以我国高校科技创新成果转化为例，现有研究数据显示，2020—2021 年，我国高校科技成果转化效率上升幅度最大，原因在于数字经济在我国战略层面的布局和推进，使高校能更加方便、准确地利用数字技术获取市场信息，调整科学研究与市场需求的匹配度，进而更有效地为市场供应科技成果①。可见，科技成果转化率的变化与我国数字经济发展同频共振，两者紧密相连，相互促进。

随着我国科学技术的进一步发展，现代信息、人工智能、大数据等领域的技术被广泛应用，推动了创新成果的不断涌现和新产业新产品的良好发展态势，科技创新已成为推动经济转型升级、增强经济活力的重要力量。根据《中国科技成果转化年度报告（2022）》，2022 年，我国高校院所转化合同总金额同比增长约 25%，表明我国科技成果转化的活力和增长的向好趋势。此外，2022 年，全国技术合同数量和成交额也分别增长了87.6% 和 170%，其中，企业成为科技成果转化的主体，贡献了全国 93.7%的技术输出和 82.8% 的技术吸纳②。截至 2022 年年底，我国的全球创新指数排名从 2012 年的第 34 位上升至 2022 年的第 11 位，成功进入创新型国家行列。其中，我国在航空航天、船舶制造、半导体等领域取得的成就尤为突出，如 C919 大型客机完成首次商业飞行，国产大型邮轮"爱达·魔都号"正式命名交付，以及新一代中央处理器（CPU）龙芯 3A6000 的发布和应用等都是科技创新成果成功转化的重要成果。中国坚持开放包容、互惠共享的国际科技合作理念，与 160 多个国家和地区建立了科技合作关系，参与 200 多个国际组织和多边机制，在应对气候变化、清洁能源等重点领域广泛开展国际合作研究。综上可以看出，我国科技成果转化取得的成就都得益于合理和科学的成果转化战略和政策。

然而，随着新质生产力的不断发展，在数字经济时代，我国在科技创新成果转化方面虽然取得了显著进步，但仍然面临着一些不足和挑战。尽管我国在科技成果转化的规模和速度上有所提升，但与发达国家相比，科技成果的商业化转化效率仍有待提高，研究开发与市场应用之间存在脱节，仍然缺乏有效的转化机制和平台。风险投资机制尚不健全，创新型企业尤其是初创企业面临的融资难题尚未完全解决。知识产权保护方面，虽

---

① 贺佳. 数字经济对高校科技成果转化效率的影响 [J]. 河北大学学报（哲学社会科学版），2024（1）：134-146.

② 王昊男，吕中正. 我国科技成果转化规模显著提升 [N]. 人民日报，2023-05-28（02）.

然我国在知识产权保护方面已取得一定进展，但在实际操作中仍存在保护力度不够、侵权成本低、维权难度大等问题，这在一定程度上影响了创新主体的积极性和创新成果的转化。综上可以看出，数字经济时代新质生产力的发展对科技成果转化为现实生产力和社会财富的要求越来越高，只有不断完善目前存在的不足，并解决存在的问题，才能更好以创新为关键驱动，推动新质生产力的持续发展，从而实现经济和社会的高质量发展。

6.5 数据要素的国际跨境流动不畅

6.5.1 数据要素的国际跨境流动的重要性

随着数字经济的发展，数据已成为一种重要的生产要素，对经济发展、社会进步和科技创新具有重要意义。经济全球化的不断深入，数字经济发展不可避免会出现数据要素的跨境流动，这是数字经济发展的必然结果。所谓数据的国际跨境流动指的是数据在不同国家或地区之间的传输和交换。这其中，商业数据跨境流动是最常见的数据跨境流动类型，跨国公司在全球范围内的业务运营需要将数据从一个国家转移到另一个国家。还有技术数据跨境流动，一般涉及技术研发、软件开发等技术领域的数据共享。个人数据跨境流动，涉及个人隐私数据的跨境传输，如个人金融数据、医疗记录、社交媒体信息等，个人数据的跨境流动需要遵守数据保护法规，如欧盟的通用数据保护条例（GDPR）。

还有知识产权数据跨境流动，一般涉及专利、商标、版权等知识产权的数据跨境流动。数据跨境流动有助于促进全球范围内的信息共享、技术交流和产业合作，为各国经济发展带来新的机遇。国际上数据话语权与经济话语权息息相关，一定意义上影响本国企业的发展，良好的数字经济表现并不必然成为放宽管控数据跨境流动的理由[①]，如何合理平衡创新需求与风险防范，提高数据跨境流动的质量和效能对于赋能新质生产力的发展十分重要。

---

① 黄贵，陶如. RCEP 缔约国数据跨境流动政策的数字生产力基础及其影响：以数字融合指数为参照 [J]. 中国科学院院刊，2023（8）：1168-1176.

6.5.2 国内外对数据跨境流动的政策支持

国内外对于数据跨境流动都出台了相应的政策。2024年3月，中华人民共和国国家互联网信息办公室公布了《促进和规范数据跨境流动规定》，旨在保障数据安全、保护个人信息权益，并促进数据依法有序自由流动。该规定对数据出境安全评估、个人信息出境标准合同、个人信息保护认证等数据出境制度进行了优化调整，明确了免予申报数据出境安全评估、订立个人信息出境标准合同、通过个人信息保护认证的数据出境活动条件，如国际贸易、跨境运输、学术合作等活动中收集和产生的不包含个人信息或重要数据的数据向境外提供等。此外，《促进和规范数据跨境流动规定》允许自由贸易试验区在国家数据分类分级保护制度框架下，自行制定区内需要纳入数据出境安全评估、个人信息出境标准合同、个人信息保护认证管理范围的数据清单。《促进和规范数据跨境流动规定》对于更好地实现与数据出境安全风险的"精细化匹配"，推动促进数据自由流动和数字经济发展具有重要意义，同时也体现出我国推进新质生产力发展和高水平对外开放的决心。

欧盟的《通用数据保护条例》（GDPR）要求个人数据流出欧盟的前提是保障"对自然人的保护水平不会降低"，俄罗斯、印度等国家要求相关数据必须在遵守本地化要求的前提下有条件出境，这些国际政策和法规反映了世界主要国家和地区对数据跨境流动安全的关注，为提升数据跨境流动质效提供更加全面的视角。

6.5.3 我国在数据跨境流通中面临的挑战

然而，目前在数据跨境流通中还存在诸多问题和挑战。如数据治理和监管差异也影响数据跨境流动，不同国家和地区在数据保护法规、数据管理标准等方面存在差异，这可能制约数据的跨境流动，如美国支持自由流动的跨境数据治理规则，而欧盟则支持区域内数据自由流动与区域外高水平保护要求①。各国为了争夺数字经济的控制权和发展权，制定了不同的数据治理规则，导致国家间数据治理规则的碎片化，如围绕人工智能、大模型、元宇宙等新场景、新数据应用方式及归属权等开始出台集中管控监

---

① 宋华盛，周建军. 跨境数据流动监管难题及应对之策［J］. 国家治理，2024（7）：68-73.

管文件，增加了数据跨境流动的复杂性。

同时，在我国的政策规定中存在诸多具有不确定性的规则，如对"重要数据"和"其他需要申报数据安全评估的情形"缺乏详细规定，使得企业在进行内部数据出境材料整合时面临一定困境。还存在部分企业不顾监管规则，违规进行数据出海传输，甚至泄露个人隐私信息等重要数据的情况。另外，数据控制权也成为国际关注的一个点，许多国家和地区要求企业在处理本地数据时遵守特定的数据法规。企业若违反规定，可能会被限制进入市场，从而错失增长机遇。此外，本土化合规的数字化转型迁移通常涉及对数据处理流程、技术架构和操作系统的调整和优化。平衡数据控制权和数据流动目前已成为各国政府和国际组织需要面临的挑战，这些问题的解决需要全球各国的共同合作，这些问题的有效解决将有助于促进数据要素的合理、安全和有序流动，提高数据安全水平，推动数据流动规则的制定和实施，促进全球数据要素市场的深入发展。

6.6 科技创新人才培养机制有待完善

数字经济时代，科技创新人才对经济发展具有重要意义。科技创新人才是推动数字经济发展的关键因素。随着科技的快速发展，数字经济已成为全球经济的重要组成部分。科技创新人才具备专业知识和技能，能够推动数字技术的创新和应用，从而为数字经济的发展提供源源不断的动力。科技创新人才能够推动数字技术的创新和应用，为数字经济发展提供动力。科技创新人才能够推动新质生产力的提升，改进生产流程，提高生产效率和产出质量。此外，科技创新人才还能够推动数字经济的创新和升级，开发新的数字技术，创造新的商业模式和市场机会。同时，科技创新人才能够培养和吸引更多的创新人才，为数字经济发展提供人才支持。因此，人才在数字经济赋能新质生产力发展中具有重要位置，未来要不断完善相关人才培养机制，为我国新质生产力发展提供稳定持续的人才动力。

6.6.1 科技创新人才对新质生产力发展的重要性

科技创新人才能够推动新质生产力的发展。新质生产力是指通过创新和技术进步来提高生产效率和产出质量的能力。科技创新人才具备创新思维和专业技术能力，能够不断改进和优化生产流程，推动生产力的提升。科技创新人才能够运用数字技术，提高生产自动化水平，降低生产成本，提高生产效率，从而为经济发展注入新的活力。科技创新人才能够推动数字经济的创新和升级。数字经济的发展离不开创新，科技创新人才具备创新思维和技术能力，能够不断推动数字技术的创新和升级。科技创新人才能够开发新的数字技术，创造新的商业模式和市场机会，推动数字经济的发展。科技创新人才的创新成果可以应用于各个行业，促进传统产业的数字化转型和升级，推动经济的持续增长。科技创新人才还能够培养和吸引更多的创新人才。科技创新人才具备专业知识和技能，能够为培养和吸引更多的创新人才提供支持和帮助。因此，我国应该通过教育和培训，培养更多的科技创新人才，为数字经济发展提供人才支持。同时，科技创新人才的创新成果和成功经验也能够吸引更多的创新人才加入数字经济领域，形成良性循环，推动数字经济的快速发展。总之，科技创新人才对数字经济赋能新质生产力发展十分必要，培养和吸引科技创新人才是推动数字经济发展的关键所在。

6.6.2　世界各国科技创新人才的培养现状

对于科技创新人才的培养和吸引，不同国家或地区各有特色。许多国家专注于前沿技术和高端技术领域，包括量子科技、人工智能、半导体技术和生物健康等领域的人才培养。美国、加拿大、英国、澳大利亚和韩国发布了国家量子战略，强调量子科技人才队伍建设。美国还发布了《国家人工智能研发战略计划》，提出了一系列优先事项，包括人工智能劳动力的评估、支持人工智能高等教育等。日本则通过发放补助资金，防止人工智能人才外流。英国政府投入巨资打造人工智能人才队伍，包括资助人工智能博士培训中心和吸引国际人才。同时，有的国家制定了吸引留学生的专项计划和优化留学生签证制度。如澳大利亚延长留学生工作签证资格，加拿大和日本也提出了类似的计划，美国增加了 STEM 专业的范畴，韩国计划吸引 30 万名留学生等。面对熟练技能劳动力短缺的问题，一些国家如加拿大和德国投入资金，提升工人技能，并吸引特定职业的新移民。韩国和新加坡也推出了类似的计划以增强产业竞争力和地方经济活力。此外，全球战略科技人才竞争的背景表明，新兴经济体的崛起打破了传统的国际人才竞争格局，国际教育新趋势为人才竞争带来了新机遇。我国在科技人才规模结构、后备人才培养和人才引进方面面临一些挑战，如研发人员占比低、基础学科科研人才培养需进一步优化等问题。从上述各国对人才培养的政策可以看出，各国对科技人才的高度重视，以及在全球化和科技革命背景下对人才培养的新需求和挑战。

6.6.3　我国科技创新人才培养存在的问题

随着我国数字经济的快速发展，市场对科技创新人才的需求日益增长，但现有教育体系培养出的人才与市场需求存在不匹配的问题。部分高校和培训机构在课程设置、教学内容和教学方法上较为传统，缺乏与数字经济相关的创新性和实践性，数字经济的发展日新月异，而人才培养的更新换代速度较慢，导致人才培养与市场需求之间存在一定的滞后性。同时，我国在基础学科科研人才培养方面还需进一步优化。基础学科是科技创新的基石，然而我国在基础学科科研人才培养方面仍存在基础学科研究经费投入相对不足，科研条件有限，难以吸引和留住优秀人才的问题。基础学科人才培养体系不够完善，缺乏跨学科、综合性的培养模式，难以培养出具有创新精神和国际竞争力的科研人才。此外，科技创新人才结构不合理也是一个值得注意的问题，尽管我国科技创新人才总量较大，但人才结构存在一定的不合理性，高端人才相对匮乏，如世界级的科学家和领军人才相对较少，中低端人才供过于求，而与数字经济相关的一些新兴领域人才短缺，如人工智能、大数据、云计算等领域的人才储备不足。

另外，我国还面临人才培养与产业发展存在脱节的问题。数字经济的发展离不开产业的支持，然而我国人才培养与产业发展之间存在一定的脱节，部分高校和培训机构在人才培养过程中与产业界的合作不够紧密，缺乏实践经验和实际操作能力的培养，产业界在人才培养方面的参与度不高，对人才培养的需求和反馈不够及时和准确。此外，我国科技人才评价体系还不够完善。当前我国科技创新人才评价体系存在一定的问题，比如过于重视论文数量和影响因子等量化指标，而忽视了人才培养的质量和实际贡献，评价体系较为单一，缺乏多元化和综合性的评价标准，难以全面客观地评价人才的综合素质和创新能力。

通过对我国科技创新人才培养存在的问题进行分析，可以看出，我国在数字经济背景下科技创新人才培养面临的困境和挑战主要包括人才培养与市场需求不匹配、基础学科科研人才培养需进一步优化、科技创新人才结构不合理、人才培养与产业发展脱节以及人才评价体系不完善等方面。为应对这些挑战，抓住新一轮科技革命和产业革命发展机遇期，以数字经济赋能新质生产力快速发展，我国需要加大教育改革力度，推动人才培养模式的创新，加强与产业界的合作，完善人才引进、培养和评价体系，为新质生产力发展输送更多高质量创新型人才。

7 数字经济赋能新质生产力发展的实践路径

基于前几章的研究基础，本章将为我国在数字经济时代推动新质生产力发展提供一套具体的实践路径，希望能够为我国新质生产力的发展提供有益参考或建议。本章主要包括六个部分，包括加强智能化综合性数字信息基础设施；完善科技创新体系，加快实施创新驱动发展战略；加强数实融合发展，推动现代化产业体系建设；建设全国统一大市场，发挥超大规模市场的创新优势；加强创新型人才培养，做好新质生产力发展的人才储备；坚持开放和合作共赢，打造全球化开放创新生态。这些具体实践路径有助于我们更好地理解和把握数字经济的特性和规律，为更好推动数字经济赋能新质生产力发展，实现我国经济高质量发展提供一定的参考。

7.1 加强智能化综合性数字信息基础设施建设

7.1.1 构建高速泛在的互联网基础设施体系

构建高速泛在的互联网基础设施体系是推动数字经济快速发展的重要举措。高速泛在的互联网基础设施具有速度快、覆盖广、连接多等特点，能够满足人们日益增长的信息传输和处理需求，为各行各业提供强大的网络支持，这种网络基础设施包括固定和移动宽带网络、数据中心、互联网交换节点等关键组成部分。高速泛在的互联网基础设施具有速度快的突出特点，以5G网络为例，其理论峰值下载速度可达20Gbps，是4G网络的100倍。这意味着在5G网络环境下，用户可以快速下载和传输大文件、高清视频等数据，提高工作效率和娱乐体验。另外，高速网络还能支持更多的创新应用，如虚拟现实（VR）、增强现实（AR）、远程医疗等。高速泛在的互联网基础设施具有覆盖广的特点。网络基础设施应实现全面覆盖，包括城市和农村、发达地区和偏远地区，这将有助于缩小城乡数字鸿沟，促进农村地区的经济发展。

高速泛在的互联网基础设施的另一特点是连接多，也就是说网络基础设施应能支持大量的设备连接，为物联网、智能城市等应用提供支持。以物联网为例，根据国际数据公司（IDC）发布的《全球物联网设备跟踪报告》，到 2025 年，全球物联网设备数量将达到 416 亿台，高速泛在的互联网基础设施能够满足这些设备的数据传输和处理需求[①]。高速泛在的互联网基础设施在推动数字经济赋能新质生产力发展方面具有重要作用，能够为智能制造、工业互联网等新兴产业的发展提供强大的网络支持，促进产业升级和转型。同时，在线教育、远程医疗、智能家居等应用都需要高速泛在的网络支持，高速泛在的互联网能够提升人们的生活和生产质量。此外，高速泛在的互联网基础设施也为国家间的互联互通提供基础支持，推动全球数字经济和新质生产力的发展。总之，高速泛在的互联网基础设施是数字经济赋能新质生产力发展的关键基石，它的构建对于新质生产力发展具有重要的基础作用。

构建高速泛在的互联网基础设施体系需要从以下几个方面着手推进：

第一，加大网络基础设施建设投入。网络基础设施是构建高速泛在的互联网的基础。政府和企业需要进一步加大投资力度，提高网络基础设施建设的速度和质量。以 5G 为例，根据我国《5G 产业发展规划（2019—2026 年）》，预计到 2026 年，我国 5G 基站将达到 600 万个，实现全国范围内的广泛覆盖。此外，光纤宽带、数据中心等也是重要组成部分。根据赛迪顾问发布的《中国数据中心产业发展报告》，2019 年我国数据中心市场规模达到 1 562 亿元，预计到 2025 年将超过 3 200 亿元。

第二，推进网络技术创新和应用。技术创新是推动网络基础设施升级的关键。政府和企业要着重加强 5G、6G 等高速网络技术的研发和部署，提高网络传输的速度和容量。同时，政府和企业还要关注边缘计算、网络切片等新技术的发展，提高网络资源的利用效率。边缘计算可以将计算任

---

① 金键. 工业互联网是新型工业化的战略性基础设施 [J]. 通信世界，2023（20）：19-20.

务从云端迁移到网络边缘，降低延迟，提高用户体验，网络切片技术可以为不同应用场景提供定制化的网络服务，满足多样化需求。

第三，努力实现网络广泛覆盖和深度覆盖。广泛覆盖和深度覆盖是高速泛在的互联网基础设施的重要特征①。政府和企业应加大投入，实现网络基础设施的全面覆盖。在城市地区，要推进光纤到户、到企业、到园区的建设，提高网络接入速度和带宽。在农村和偏远地区，要推进宽带网络向基层延伸，缩小城乡数字鸿沟。

第四，加强互联网交换节点和数据中心建设。首先，互联网交换节点和数据中心是网络基础设施的重要组成部分，因此，要加强互联网交换节点建设，提高数据传输和处理能力。其次，多借鉴和推广我国发达城市的先进经验，如我国在北京、上海、广州等地建立了多个互联网交换中心，提高了网络互联互通水平。数据中心方面，要关注绿色数据中心、智能数据中心等新技术的发展，提高数据中心的能效和安全性。最后，加强网络安全保障网络安全是构建高速泛在的互联网基础设施的重要保障，因此，要加强对网络基础设施的安全防护，提高网络安全水平。政府和企业应加大投入，采用先进的技术和管理手段，防范网络攻击、数据泄露等安全风险。

7.1.2　发展和完善智能化数字技术平台

智能化数字技术平台是指利用人工智能、大数据、云计算等先进技术，对数据进行采集、存储、处理、分析和应用的平台。这些平台具有高度的智能化和自动化特点，能够提供精准、高效的服务，能够引起产业和科技的深刻变革。发展智能化数字技术平台是推动数字经济赋能新质生产力快速发展的必要举措。

智能化数字平台在我国有很多类型，大致可以分为人工智能平台、大数据平台以及云计算平台。人工智能平台是智能化的数字技术平台的核心，它利用机器学习、深度学习等技术，对数据进行智能化的处理和分析，实现智能识别、智能决策、智能推荐等功能②。比如谷歌的人工智能平台 TensorFlow，它是一款开源的机器学习框架，可以帮助开发者轻松构

---

① 李晓平，刘航. 赋能企业数字化让制造变"智造"[N]. 厦门日报，2022-12-26 (A03).

② 黄伟庆. 数字经济循环中的数据流通与确权：基于平台治理视角的规范化展开 [J]. 改革与战略，2024 (5)：53-68.

建和部署机器学习模型。在我国，阿里巴巴的阿里云、腾讯的腾讯云等也推出了各自的人工智能平台，为企业提供智能化的解决方案。大数据平台是智能化的数字技术平台的基础，它能够采集、存储和处理海量数据，为人工智能和云计算等技术提供数据支持。比如华为的大数据平台 FusionInsight，它能够处理 PB 级别的大数据，为企业提供实时、高效的数据分析能力。此外，还有 Cloudera、Hortonworks 等国际知名公司的大数据平台，它们在数据处理和分析方面有着广泛的应用。云计算平台是智能化的数字技术平台的关键。它利用分布式计算技术，将计算任务分布在大量的服务器上，提高计算效率和可靠性。亚马逊的云计算平台 AWS、微软的云计算平台 Azure、谷歌的云计算平台 Google Cloud 等，能够为企业和个人提供强大的计算能力和丰富的云服务，我国目前主要是阿里云、腾讯云、华为云等占据着主要的市场份额。总之，智能化数字技术平台在数字经济中扮演着至关重要的角色，它是新质生产力发展的强大引擎。

智能化数字技术平台通过高效的数据处理和分析能力，能够实时捕捉和深度挖掘海量的信息资源，为企业和个人提供精准、个性化的服务，从而提高决策质量和运营效率。以人工智能平台为例，它可以实现对市场趋势的预测，为企业制定战略提供依据。智能化数字技术平台通过云计算等技术为生产力的发展提供强大的计算能力和弹性扩展的资源，使得企业和个人能够轻松应对快速变化的市场需求，进一步加快创新速度。同时，智能化数字技术平台通过人工智能、大数据、云计算等技术的深度融合，促进了传统产业的数字化转型，催生了新的商业模式和产业形态，为经济发展注入了新的活力。智能化的数字技术平台是推动数字经济高质量发展的关键，它为新质生产力的发展提供了强大的技术支撑和动力源泉。

发展和完善智能化数字平台必须要推进数字技术的深度融合和集成应用。

首先，要加强数字技术标准的研究和制定。数字技术标准是推进数字技术深度融合和集成应用的基础。政府和企业应加强数字技术标准的研究和制定，提高不同数字平台之间的兼容性和互操作性。企业应多关注国际数字技术标准的发展动态，学习和借鉴国际标准，积极参与国际标准的制定，提高我国在国际数字技术领域的话语权。政府应鼓励企业开发符合国际标准的数字技术产品和服务，提高我国企业在国际市场的竞争力。此外，我国政府还可以通过设立专项资金、提供政策支持等方式，鼓励企业和研究机构参与数字技术标准的制定，努力从融合向深度参与再向引领规则制定的趋势发展。

其次，构建开放的数字技术生态系统。开放的数字技术生态系统是推进数字技术深度融合和集成应用的重要载体。无论是政府还是企业或是研究机构都是数字技术开放生态的建设者，要鼓励企业之间的合作和创新，以及企业和政府机构的合作与融合，实现数字技术的优势互补。要加强数字技术平台的互联互通，推动不同平台之间的数据和服务的共享。要鼓励企业开发开放 API（应用程序编程接口），为开发者提供便捷的服务接入和集成能力。此外，政府还可以通过设立创新中心、提供创业支持等方式，鼓励企业参与数字技术生态系统的建设。

最后，加强数字技术在重点领域的应用。数字技术在重点领域的应用是推进数字技术深度融合和集成应用的重要途径。政府和企业应加强数字技术在重点领域的应用，推动传统产业的数字化转型。政府要关注智能制造、智慧城市、医疗健康等重要领域的需求，推动数字技术与这些领域的深度融合，还要鼓励企业开发创新的数字技术解决方案，满足用户在各个领域的需求。此外，政府还可以通过政策和资金支持等方式不断鼓励企业加强数字技术在重点领域的应用。

7.1.3　推进网络和数据安全体系和能力现代化

网络和数据安全体系和能力现代化保障国家安全、促进数字经济健康发展的重要基础。我们应通过采用先进的技术、管理理念和法律法规，构建起一套全面、高效、智能的安全防护体系，以应对日益复杂多变的网络安全威胁和挑战。随着数字经济的快速发展，网络安全威胁和挑战也日益增多，对国家安全、经济发展和社会稳定带来严重影响。推进网络和数据安全体系和能力现代化，可以提高我国网络和数据安全防护能力，有效应对网络安全威胁和挑战，保障国家安全、促进数字经济健康发展。此外，推进网络和数据安全体系和能力现代化也是参与国际竞争和合作的必要条件，有利于提升我国在全球网络安全领域的地位和影响力。

数字经济赋能新质生产力发展的同时，推进网络和数据安全体系和能力现代化建设具有重要意义。网络和数据安全是新质生产力的重要组成部分，保障网络和数据安全是新质生产力发展的基本要求，推进网络和数据安全体系和能力现代化可以提高企业和个人的网络安全意识和素养，促进安全文化的形成，为新质生产力的发展提供良好的环境。同时，推进网络和数据安全体系和能力现代化可以促进网络安全产业的发展和创新，为新质生产力发展提供新的动力和支撑，还可以加强企业之间或者政府间的国际合作与交流，为新质生产力发展提供更广阔的发展空间和机遇。

第一，构建全域联动、立体高效的网络安全防护体系。①要加强网络安全防护体系建设，这是应对复杂网络安全威胁的关键，也是推进数字经济赋能新质生产力发展的必然要求。②要实现网络安全防护体系的全域覆盖。网络安全防护体系要涵盖各个行业、各个领域，尤其要针对新行业和新产业的发展，确保网络安全的全面覆盖，包括政府部门、关键信息基础设施、企业和个人用户等，我国提出的"网络安全保障体系"就是覆盖各行业、各领域、各阶段的网络安全防护体系。③要做到网络安全体系的联动协同。我国政府推动建立的"网络安全信息共享平台"促进了政府、企业、安全机构之间的信息共享和协同应对。可以看出，网络安全防护体系不是单独的个体，而是涉及多个主体的巨大的防护体系，包括政府、企业、安全机构、科研院所等。因此，要协同发展，共同推动多主体的合作与信息共享。

第二，构建立体网络安全防护体系。网络安全防护体系应实现多层次、多角度的防护，我国推动的"网络安全等级保护制度"中要求各关键信息基础设施单位按照国家标准进行安全防护。也就是说，未来要进一步加强物理安全、网络安全、系统安全、应用安全、数据安全等多等级、多维度的安全防护，提高网络安全防护体系的综合能力。

第三，提高网络安全防护体系的应对能力。网络安全防护体系要具备快速发现、快速处置的能力，这包括实时监测、威胁情报、应急响应等能力，只有这样，在遇到紧急的网络安全威胁或入侵时，才能快速响应和处置，以保护我国的数据安全。

第四，全面加强网络安全、数据安全，筑牢数字经济高质量发展的安全防线。全面加强网络安全、数据安全是保障数字经济赋能新质生产力发展的重要保障，因此，要不断加强数据安全保护。数据是数字经济的核心资产，《中华人民共和国数据安全法》为数据安全提供了可靠的法律依据。未来我国要不断根据数字经济以及新质生产力发展情况，不断完善数据安全法律法规的制定和实施，不断明确数据安全的基本要求、责任主体和法律责任。企业也要加强数据安全技术的研发和应用，以最大限度保护用户数据的隐私和完整性。

第五，推进和提高安全意识和安全教育。人是网络安全的关键，也是维护网络安全的主体。因此，要更加注重提高人的安全意识和安全素养。未来我国要不断加强网络安全教育和培训，提高人们的网络安全意识和技能，如定期开展"网络安全宣传周"活动、网络知识竞赛等活动，通过多样化的宣传方式提高全社会的网络安全意识和素养。总之，加强对网络安全和数据安全的维护是全社会共同的责任，是数字经济赋能新质生产力发展的重要保障，通过构建全域联动、立体高效的网络安全防护体系，加强数据安全保护，加强网络安全防护，加强安全意识和安全教育，为数字经济赋能新质生产力发展提供有力支撑。

7.1.4 构建全方位、多层次、立体化监管体系

智能化综合性数字信息基础设施的建设不仅需要完善基础设施本身的建设，以技术和市场进行驱动，还需要一个健全的监管体系来保障其健康、有序地发展。全方位、多层次、立体化的监管体系是数字经济高质量发展的基石，依法监管、协同监管、智慧监管能够为数字经济赋能新质生产力发展提供高质量发展环境，确保市场公平竞争，保护消费者权益，防范系统性风险。

一方面，要构建全方位、多层次、立体化的监管体系。全方位监管意味着监管体系要覆盖数字经济的所有领域和环节，包括基础设施建设、数据安全、市场竞争、消费者保护、知识产权、跨境交易等领域和环节。这就要求我国监管机构要具备跨部门、跨领域的协调能力，能够对数字经济中出现的新问题快速响应，制定相应的监管政策和措施。以数据安全和隐私保护问题为例，未来监管机构要根据数字经济发展态势和实际情况制定严格的数据保护法律法规，并监督企业合规执行，在市场竞争方面，监管机构应加强对平台经济的监管，防止垄断行为，保护中小企业和消费者的利益。同时，要加强多层次监管，多层次监管指的是监管体系要包含从中央到地方、从政府到行业组织、从国内到国际的多个层次。中央层面的监管机构主要负责宏观政策和标准的顶层设计，地方层面的监管机构要负责具体实施和监督，行业组织则应发挥自律作用，根据市场和行业需求制定更为合理的行业标准和规范，推动数字行业健康发展①。

---

① 唐要家. 数字经济赋能高质量增长的机理与政府政策重点［J］. 社会科学战线，2020（10）：61-67.

在国际层面，不同国家和国际组织之间的监管合作有助于解决跨境数据流动、跨国企业监管等国际性问题。通过构建多层次监管体系能够形成有效的监管合力，提高监管效率和效果。所谓立体化监管，强调监管手段的多样性和灵活性，也就是说，除了传统的法律法规监管手段外，未来还要加强包括技术监管、信用监管、智慧监管等新型监管方式。就技术监管来说，可以利用区块链、大数据等技术进行实时监控和分析，提高监管的精准度和效率。通过信用监管建立企业和个人的信用记录，可以实施差异化的监管策略，激励市场主体遵守规则。智慧监管主要是利用人工智能、物联网等新技术，实现监管的智能化和自动化，提升监管的预见性和预防性。

另一方面，要不断加强依法监管、协同监管和智慧监管。依法监管是监管体系的核心，要求所有监管行为都有明确的法律依据，确保监管的公正、公平、公开。监管机构应不断完善数字经济相关的法律法规，明确监管职责和权限，规范监管程序，加强对监管者的监督和问责，确保监管行为符合法律法规的要求。协同监管是指以不同监管机构之间的信息共享和协调合作，形成监管合力①。在数字经济领域，由于涉及多个行业和领域，单一监管机构难以全面覆盖，因此需要建立跨部门、跨领域的协同监管机制，以金融科技领域为例，对它的监管可能涉及中国人民银行、国家金融监管总局等多个监管机构，需要建立有效的沟通协调机制，共同制定监管规则，实现监管的一致性和有效性，协同监管是十分必要的。智慧监管是指通过借助现代信息技术提升监管的智能化水平。未来要不断建立和完善监管大数据平台，收集和分析市场主体的各类信息，实现风险预警和应急处置，要利用人工智能技术，对市场趋势和风险进行智能分析，提高监管的前瞻性和准确性，要利用区块链技术，实现监管数据的透明化和不可篡改性，增强监管的公信力。

总之，健全全方位、多层次、立体化的监管体系是数字经济赋能新质生产力发展的必然要求，未来需要政府、企业、社会共同推进，不断创新监管思维和手段，提高监管能力和水平，为数字经济的发展创造良好的环境。

---

① 唐要家，马中雨. 数据监管制度框架与体系完善 [J]. 长白学刊，2023 (6)：100-107.

7.2　完善科技创新体系，加快实施创新驱动发展战略

7.2.1　加快构建基础研究支持体系

基础研究支持体系是推动科技创新和经济发展的重要基石，是加快实现高水平科技自立自强，集聚力量进行原创性引领性科技攻关的必要途径，加快构建基础研究支持体系对于数字经济赋能新质生产力发展具有重要的战略意义。基础研究是一种以探索科学原理、发现科学规律、建立科学理论为主要目的的研究活动，它不直接追求短期内的实用效益，而是致力于拓展科学知识的边界，增进人类对自然界和宇宙的理解。基础研究是科技创新的源头活水，为新技术、新产品的研发提供理论基础和先导。对基础研究的不断加深，有助于提高我国科研人才的研究能力和国家整体科技研究水平，增强我国的国际竞争力。同时，基础研究还能够促进学科交叉融合，激发新的创新点，为新质生产力的发展提供源源不断的创新动力。因此，加强基础研究是推动科技创新，加快实施创新驱动发展战略的必由之路。

构筑全面均衡发展的高质量学科体系，要推动学科交叉融合和跨学科研究，打破传统的学科界限，鼓励不同学科之间的交流和合作，如加强基础学科之间、基础科学与技术科学、自然科学与人文社会科学的交叉融合，从而促进知识的融合和创新。推动学科交叉融合和跨学科研究有助于我们通过建立跨学科的研究团队，汇集不同领域的专家学者、专业知识，共同解决复杂科学问题，推动关键性科学技术的突破。此外，要推动高校和研究机构设立交叉学科的研究中心和实验室，提供跨学科研究的平台和资源，坚持目标导向和自由探索"两条腿走路"。

基础研究既需要有明确的应用目标，以解决现实科学问题和满足社会需求为导向，又需要给予科研人员足够的自由度，让他们能够自由探索未知领域，统筹遵循科学发展规律提出的前沿问题和重大应用研究中抽象出的理论问题，这种平衡可以确保基础研究既有实际应用的潜力，又提高其探索性和创新性[①]。还要鼓励开展非共识研究，强化源头创新能力。非共

---

①　侯剑华，郑碧丽，李文婧.基础研究支撑教育、科技、人才"三位一体"发展战略探讨
[J].中国科学基金，2024（2）：238-247.

识研究一般是那些可能与现有理论和观点相悖的研究，这些研究往往具有高风险，但同时也具有一定的现实挑战。为了鼓励这类研究，需要建立更加开放和包容的科研环境，提供一定的支持和资源，让科研人员敢于挑战传统观念，勇于探索新的科学领域，提高我国源头创新能力，这是推动科技进步和生产力发展的关键。

加强科技基础支撑平台建设。科技基础支撑平台是为科研活动提供必要物质、技术和信息服务的基础设施和系统，它通常具有开放性、共享性和服务性的特点，能够为科技创新研究提供必备资源。科技基础支撑平台是科技创新体系的重要组成部分，对于推动新质生产力发展、实现经济结构优化升级和提升国家竞争力具有重要意义。加强科技基础支撑平台建设，要布局建设基础学科研究中心和前沿科学中心。未来，这些研究中心和科学中心要聚焦基础学科和前沿科学领域的研究，为科技创新提供先进的科研设施和设备，吸引和培养世界一流基础学科人才，打造开放创新且具有国际影响力的基础学科高地。

加强人工智能、大数据、区块链等新兴技术在基础科学研究中的应用，通过超前部署新型科研信息化基础平台和科学数据中心等科技基础设施，为科研人员提供强大的科研计算能力和数据处理能力，促进科研效率的提升和科研成果的产出。科学规划布局具有前瞻性、战略性和应用性的各类重大科技基础设施，能够支撑国家战略需求，推动科技成果的高效转化和落地应用。此外，还要构建国家科研论文和科技信息高端交流平台，把国内外的科研论文和科技信息集中汇聚在同一平台，构建安全可靠的国家科技文献开源社区，提供高效的检索和交流功能，促进科研人员之间的合作交流，推动科研成果的国内外传播和应用。

加强基础研究多元化投入和评价机制。未来，基础研究要作为国家长期发展战略的核心，国家要进一步提高基础性、战略性、前沿性研究的经费比重，确保基础研究有稳定的资金来源。通过设立专门的基础研究基金，支持高风险、长周期的原始创新研究，以及跨学科、交叉融合的研究项目。鼓励和支持科研机构、高校与企业开展研究合作，共同加大基础研究的投入，共享研究成果。还可以通过对企业的政策激励，提供研发补贴、奖励创新成果等方式鼓励企业增加基础研究的投入。另外，还要不断完善基础研究支持和评价机制。在规划项目时，应充分考虑基础研究的长期性和连续性，建立长期稳定的支持机制，增加非竞争性科研经费，为科研人员提供稳定的经费来源，确保科研人员能够专注于长期的研究目标。

要进一步深化"破四唯"改革，建立起由科学家主导的、符合基础研究规律的分类科技评价体系，这种评价体系将更加注重研究的质量、原创性和长远影响。基础研究成果的形式和影响因领域而异，因此，评价标准应该是多元化的，能够适应不同学科的特点和需求。同时，还要强化同行评审的作用，加强同行评审的客观性、公正性和专业性，确保评价结果能够真实反映研究成果的质量和贡献程度。综上，通过构建科学的学科建设体系、基础研究支撑平台以及多元化的研究评价体系，从而推动构建基础研究支持体系，可以为数字经济赋能新质生产力提供稳定的创新动力输出，持续推动我国科技创新的进步和发展。

7.2.2 统筹推进关键核心技术攻关

关键核心技术攻关是指针对某一领域或行业发展中至关重要的技术瓶颈或难题，需要集中优势资源进行深度研究和开发，从而实现科学技术的有力突破和创新的过程。关键核心技术通常具有战略重要性、技术难度高、影响面广的特点。换句话说，关键核心技术关系到国家安全、经济竞争力和产业发展大局，往往需要跨学科的知识融合和高端人才的支持，技术门槛较高，它的突破能够对多个相关行业产生辐射效应，带动产业链的升级和变革。

在数字经济领域，关键核心技术攻关包括针对人工智能、大数据、云计算、物联网、区块链等技术的研究和应用。以人工智能为例，当前人工智能技术在诸如自然语言处理、计算机视觉、自动驾驶等方面还面临许多难题和挑战。在新能源领域，关键核心技术攻关可能包括针对太阳能光伏技术、风能发电技术、储能技术等的研究和应用。以太阳能光伏技术为例，目前光伏电池的转换效率还有很大的提升空间，需要通过攻关来提高其发电效率和降低成本，以推动新能源产业的发展，实现能源结构的优化和可持续发展。总之，推进关键核心技术攻关，将能够推动数字经济进一步发展，提升产业智能化水平，实现生产力能级跃升。统筹推进关键核心技术攻关，要不断健全关键核心技术攻坚机制，以更好的机制凝聚科研力量，集中优势力量完成国家重大战略产品研发或重大科技攻关项目。统筹推进关键核心技术攻关，还要进行科学布局，统筹推进关键核心技术攻关，充分发挥中央科技委员会的统筹协调作用，要坚持系统观念，以

"点、线、面"开展关键核心技术攻关布局。

统筹推进关键核心技术攻关，要围绕关键技术、关键器材、关键材料等"点"下功夫。这些"点"是科学技术和产业发展的瓶颈或堵点，也是实现技术突破的关键。在新能源领域，关键材料是指高性能的电池材料，而在人工智能领域，关键技术可能是指算法的优化和计算能力的提升。中央财政需要加大对这些"点"的投入力度，确保这些关键"点"得到足够的资金支持，通过设立有针对性和引导性的专项基金或提供补贴，激励企业、高校和研究机构加大研发力度。同时，还要探索"首席科学家领衔+领军人物担当+青年人才主力"机制，公开征集解决方案，鼓励有能力的团队和个人承担攻关任务，这种方式能够吸引最优秀的科研力量参与攻关，提高攻关效率①。强化"里程碑"管理，对攻关项目进行阶段性评估和监督，通过设定明确的里程碑节点，可以确保项目按计划推进，及时发现和解决问题，确保攻关方向的正确性和成果的质量。加快攻关成果产出，需要建立快速成果转化机制，确保攻关成果能够迅速应用于实际生产，转化为现实生产力，包括建立成果转化的平台、优化成果转化的政策环境、提供成果转化的资金支持等。解决关键核心技术的卡点和堵点问题，可以进一步推动新质生产力的发展。

在统筹推进关键核心技术攻关时，需要围绕事关国计民生的战略性产品、重大系统，从国家和产业发展的战略高度出发，进行系统规划和布局。首先，要明确技术攻关的战略目标和重点领域，根据国家发展战略和民生需求，明确关键核心技术的战略目标和重点领域，如能源、信息技术、生物科技等，确保攻关方向与国家利益和民生需求相一致。其次，强化规划引领，通过制定科技创新的总体规划，将关键核心技术攻关作为规划的重要内容，明确近期的战略目标和中长期的愿景，确保攻关工作的连续性和稳定性。最后，还要出台一系列项目支撑和政策配套，针对关键核心技术攻关，设立一系列重点科研项目，提供资金支持和政策优惠，鼓励企业、高校和研究机构共同参与，形成合力。

在关键核心技术的攻关过程中，要注重产业链上下游的协同配合，通过政策引导和市场化运作，提升产业链各环节的创新能力，形成产业链的"线"的串联。通过建立创新联盟和平台，鼓励建立由企业、高校、研究

---

① 由雷，尹志欣，朱姝. 关键核心技术的异质性研究：基于创新主体、创新动力与创新模式的视角 [J]. 科学管理研究，2024（1）：21-29.

机构等多方参与的创新联盟和平台，促进信息共享、资源互补和技术协同，推动关键核心技术的联合攻关。同时，还要不断加强国际合作，在关键核心技术的攻关中，要加强与国际先进科研机构和企业之间的合作，引进国外先进技术和管理经验，提升国内攻关能力。总之，通过以上"线"的串联，可以有效地统筹近期与中长期战略目标，强化规划引领和项目支撑，形成对国民经济主战场产业链供应链"线"的串联，推动关键核心技术攻关工作取得实质性进展，为新质生产力的发展提供强大的科技支撑。

统筹关键核心技术攻关，还要坚持"全国一盘棋"。坚持"全国一盘棋"的原则，意味着要充分发挥我国地域广阔、资源丰富、产业基础雄厚的优势，实现资源优化配置和区域协调发展①。要进一步明确区域分工和产业定位，根据各地区的比较优势和产业基础，形成各有侧重、特色鲜明、相互补充的区域创新格局，比如沿海地区可以发挥其在信息技术、生物医药等领域的优势，而中西部地区则可以重点发展新能源、高端装备制造等产业。要因地制宜，努力打造先进制造业集群，通过鼓励各地区聚焦不同重点领域，打造一批具有国际竞争力的先进制造业集群，通过政策引导、资金支持、人才培养等手段，推动产业链上下游企业集聚发展，形成规模效应和协同创新效应。

进一步加强区域间合作与交流，建立健全区域间合作与交流机制，促进创新资源、人才、技术等要素的流动和共享，实现区域间的优势互补和共同发展。同时，要继续推动科技创新平台建设，支持各地区建设一批科技创新平台，如共性技术平台、成果转化平台、人才培养平台等，为关键核心技术攻关提供有力支撑。还要为技术攻关营造良好的创新生态环境，不断完善知识产权保护、提供政策支持、加强国际合作等，吸引更多企业和人才参与到关键核心技术攻关中来②。另外，要不断强化风险防控和应急能力，在关键核心技术攻关过程中，充分考虑各种风险因素，建立健全风险防控和应急机制，提高体系化对抗风险的能力。

总之，在统筹推进关键核心技术攻关的过程中，通过"点、线、面"的战略布局，可以实现系统性的技术突破和产业升级。围绕关键技术、关

---

① 杨思莹. 政府推动关键核心技术创新：理论基础与实践方案 [J]. 经济学家，2020（9）：85-94.

② 高小龙，张志新，程凯. 知识产权保护、全球价值链嵌入与技术创新的互动效应研究 [J]. 宏观经济研究，2023（2）：102-117.

键器材、关键材料等"点"，通过加大中央财政投入力度、组织开展"揭榜挂帅"式的专项攻关、强化"里程碑"管理，可以加快攻关成果的产出，实现技术突破。通过围绕事关国计民生的战略性产品、重大系统，通过统筹近期与中长期战略目标、强化规划引领和项目支撑，可以形成对国民经济主战场产业链供应链"线"的串联，推动产业链的技术进步和升级。通过坚持"全国一盘棋"的原则，鼓励各地紧密结合自身比较优势和产业基础，聚焦不同重点领域，打造若干先进制造业集群，以协同创新实现"面"的覆盖，可以提升体系化对抗风险能力和全面增强自主创新能力，着力提升科技创新供给。通过以上措施，可以推动科技创新和经济社会发展，实现新质生产力的发展。

7.2.3　促进优秀要素资源向科技领域有效聚集

数字经济赋能新质生产力过程中，要持续促进优秀要素资源向科技领域有效聚集。所谓促进优秀要素资源向科技领域有效聚集，是通过政策引导和市场机制，把人才、资金、技术、信息等关键要素资源吸引到科技创新活动中，以提高科技创新能力和效率，这些要素资源的聚集有助于形成创新生态系统[①]，推动科技成果的转化和应用，为新质生产力的发展提供强大的支撑和动力。

一是要引导企业建立创新自发投入机制。要充分利用资金与政策杠杆，撬动企业在自主创新方面的投入，在税收方面，需要提供研发费用税前加计扣除、高新技术企业税收减免等政策，降低企业创新成本，增加创新收益。对企业的创新项目给予财政补贴，对取得重大创新成果的企业给予奖励，提高企业创新积极性。还要通过政策性银行、风险投资、股权众筹等方式，为企业提供多样化的融资渠道，降低融资难度。同时，国家要引导和启动实施重大技改升级工程，可以设立专项基金，支持企业进行技术改造和升级，特别是在关键领域和战略性新兴产业。通过提供补贴、贷款贴息等措施，鼓励企业购置先进设备，提升生产自动化和智能化水平。通过引导企业实施绿色制造，提高资源利用效率，减少环境污染，促进可持续发展。企业要建立创新自发投入机制，鼓励企业设立自己的研发机构，进行前沿技术研究和产业化应用，促进企业与高校、科研机构建立紧

---

① 黄紫微，胡登峰.加快推进关键核心技术攻关研究［J］.中国高校社会科学，2024（1）：70-75.

密的合作关系，共享资源，联合开展技术攻关和人才培养。还可以通过教育培训、成功案例分析等方式，提升企业家的创新意识和能力，使其成为企业创新的重要推动者。

二是要健全企业创新考核评价体系。企业在进行关键核心技术攻关中扮演着重要角色，是我国科学技术和经济发展的主力军。由于基础研究和应用型基础研究是科技创新的源头，对科技长远发展具有重要意义，因此，企业要增加对基础研究和应用型基础研究的重视，增加研究比重。考核机构要将创新成果的转化应用情况纳入考核评价体系，鼓励企业将科研成果转化为实际生产力①。考核机构还要把创新成果的转化应用情况纳入考核评价体系，鼓励企业将科研成果转化为实际生产力。

同时，要鼓励企业与国家自然科学基金设立联合基金项目，通过鼓励国有企业与国家自然科学基金等科研机构合作，共同设立联合基金项目，开展科技创新研究。通过联合基金项目，整合双方优势资源，提高科研效率，加快科技创新步伐，通过项目成果共享，促进科技成果的转化和应用，实现产学研用的紧密结合。建立多元化考核指标体系，在考核评价体系中，既要关注财务指标，如利润增长率、成本控制等，也要关注非财务指标，如创新能力、市场竞争力，根据科技创新的发展趋势和企业实际情况，动态调整考核指标和权重，确保考核体系的科学性和适应性。此外，还要注重考核结果的运用，将考核结果与激励机制相结合，对创新成效显著的企业和个人给予表彰和奖励，激发创新动力。

三是要进一步畅通研究机构、高校、企业之间创新要素的共享与自由流动。在数字经济时代，研究机构、高校、企业之间的创新要素共享与自由流动是实现新质生产力提升的关键。这就需要我们构建数字平台生态系统，通过建立这样一个集成的数字平台，使研究机构、高校和企业能够轻松地共享信息、资源和成果，更好促进知识交流，加速技术创新，并提高合作效率。通过制定灵活的政策框架，出台鼓励创新要素流动的政策，如提供税收优惠、资金支持、知识产权保护等。这些政策旨在消除障碍，促进研究机构、高校和企业之间的合作，如政府可以通过设立专项资金来支持跨界合作项目。

继续强化产学研合作机制，鼓励研究机构、高校和企业建立长期稳定

① 王海军.关键核心技术创新的理论探究及中国情景下的突破路径［J］.当代经济管理，2021（6）：43-50.

的合作关系，通过共同研发、人才培养、资源共享等方式实现互利共赢。企业可以与高校合作，为学生提供实习和就业机会，同时高校可以为企业提供研发支持。同时，在创新文化的培育方面，可以培育一种开放、包容、鼓励创新的文化氛围，让研究机构、高校和企业敢于创新、善于创新，激发创新者的热情和创造力。还可以通过教育和培训项目，培养具备数字技能和创新思维的人才，这些人才将成为研究机构、高校和企业之间创新要素流动的桥梁。如高校可以与企业合作，开发与数字经济相关的课程和项目，加强高校数字人才的培育，提前做好人才储备。

四是要创造良好的科研发展环境。兴趣驱动是基础科学研究的内在动力，科研人员对科学问题的兴趣和好奇心是推动他们进行探索和发现的重要力量。为了激发科研人员的兴趣，可以通过设立探索性科研项目、提供学术交流平台等方式，鼓励科研人员自由探索未知领域。爱好驱动是科研人员进行长期、深入研究的持久动力，科研人员对某一领域的热爱和专注是推动他们在该领域取得突破的关键。为了培养和保持科研人员的爱好，可以通过设立专业性强的科研项目、提供学术培训和进修机会等方式，帮助科研人员深入研究和掌握相关领域的知识和技能。梦想驱动是科研人员进行创新和攻关的重要动力，科研人员对科学事业的追求和梦想是推动他们在关键技术领域取得突破的关键，为了激发科研人员的梦想，可以通过设立具有挑战性的科研项目、提供创新支持和奖励等方式，鼓励科研人员进行前沿性和创新性的研究。利益驱动是科研人员进行科研活动的重要外部动力，合理的利益分配机制可以激励科研人员积极投入科研工作，并取得更好的研究成果，为了实现利益驱动，可以通过建立科技成果转化机制、提供股权激励和奖励等方式，让科研人员分享科研成果所带来的经济利益和社会效益。综上所述，要推动关键核心技术攻关，需要通过制度赋能创造良好的科研发展环境。在推进基础科学发展方面，构建"兴趣驱动""爱好驱动""梦想驱动""利益驱动"的多渠道激励机制至关重要，只有通过激发科研人员的内在动力和外部动力，才能推动他们在关键核心技术领域取得重大突破和进展，从根本上推动新质生产力的发展。

7.2.4 强化科技创新成果的知识产权保护

新质生产力是经济全球化和知识经济背景下，以科技创新和知识产权保护为核心，通过高效利用信息和知识资源，推动经济增长的质量和效益提升的新型生产力，是推动经济高质量发展的关键因素。在加快发展新质生产力的过程中，知识产权保护能够激励更多的技术创新活动，有效的知识产权保护还能够促进创新成果的转化和应用，使创新迅速转化为实际生产力，推动新质生产力的持续发展。因此，知识产权保护不仅是新质生产力发展的催化剂，更是推动经济高质量发展的关键因素。

知识产权制度的产生和发展与创新密切相关。知识产权制度的设立最初是为了通过保护创新者的合法权益，平衡创新者的个人利益与社会利益。无论是科学技术的创新还是产业创新，或是通过科技创新来推动产业创新，都离不开知识产权的创造、运用、保护、管理和服务①。知识产权制度既是创新的产物，也是创新的推动者，通过对创新成果的保护，能够有效激励个人或企业持续创新。同时，作为创新的推动者，知识产权制度通过保护创新成果的传播和扩散，促进技术的传播与应用，有效助推创新的深度发展。

在推动新质生产力发展过程中，知识产权作为一种稀缺的战略性资源，能够为科技创新活动提供规范、系统、可靠的制度保障。知识产权是法律赋予知识产品所有人对其知识产品在一定期限内享有的专有权利。知识产权具有一定的专有性、地域性和时间性，知识产权制度通过保护创新成果，为创新者提供一种独占性权利，使其能够在一定时期内享有其创新成果带来的经济利益，这种独占性权利激励创新者投入更多资源进行技术研发和创新。知识产权制度通过建立一套明确的规则和机制，为个人和企业提供一种稳定的法律保护机制，这种保护机制为新质生产力的发展提供了稳定且可预期的法律环境，促进创新活动的可持续发展。

知识产权是新质生产力中的关键要素。随着新一轮产业革命和科技革命变革机遇期的到来，科学技术实现了突破式的发展，出现了如人工智能、量子技术、基因技术等一系列颠覆性科学技术，不但改变了传统产业结构和模式，也推动了生产要素的重大变革。传统生产力主要侧重于劳动力、土地、资本等物理要素，而新质生产力在此基础上，更加重视知识和信息等无形要素。知识产权作为市场竞争中的一种稀缺智慧资源，这种资源和其他生产要素结合，相互赋能并产生乘数和倍增效应，尤其在颠覆性、关键性技术突破和应用时更为突出。从这个角度来看，知识产权是十

① 程惠芳，刘卓然，洪晨翔.科技创新投入、知识产权保护与经济高质量发展 [J].浙江社会科学，2023（9）：22-30.

分灵活和稀缺的新型生产要素，对数字经济时代的生产力实现能级跃升具有重要作用。

知识产权保护对新质生产力发展具有关键作用，有助于激励颠覆性和前沿性技术的创新发展。科技不仅是先进生产力的代表，更是经济发展的重要引擎。与传统生产力相比，新质生产力具有领域新、产业新、技术含量高等突出特征，它的发展不是由普通科技创新推动的，而是由颠覆性科技创新所推动的。知识产权制度对于颠覆性和前沿性技术，通常能够提供较长时间的独占权利，使权利所有人在新产品或新技术的应用和转化上获得先发优势，让创新技术研发者能够在得到经济回报的同时吸引更多的资金投入颠覆性和前沿性技术的研发中，从而推动技术快速更新迭代，进一步激发企业活力，提升企业的核心竞争力，从而有效驱动新质生产力的持续发展，有助于促进科技成果转化与应用①。新质生产力的发展依托于科技成果的转化，创新成果的转化提升了生产质效，创造了新的增长点。知识产权保护为创新者提供了市场化发展机制，使他们通过许可、转让或合作开发的方式将科技成果转化为实际的产品和服务，促进新技术、新产品和新服务的产生。

数字经济时代，创新是新质生产力发展的关键驱动，拥有核心知识产权的企业能够建立起技术壁垒，保护其创新产品和服务，避免竞争对手的模仿和侵权，从而增强企业的市场竞争优势。科技创新往往涉及跨学科、跨领域的融合交流，而知识产权制度为创新合作提供了合理的权益分配机制，有力促进创新资源的共享和优化配置，不断丰富和促进新质生产力发展，有助于科技的国际合作与交流，推动构建全球创新生态。当下全球经济深度融合发展，各国相互依存日益加深，以科技创新驱动新质生产力发展不仅为国内经济发展注入新动力，同时为全球合作共同推动新质生产力发展提供了新契机。

知识产权制度为知识共享和技术的国际合作提供重要的制度保障，知识产权制度允许技术所有者通过许可或转让的方式将其技术共享给其他国际企业或个人，加速技术的国际传播，通过共同研发和共享创新成果，从而可以实现互利共赢的局面。此外，坚实的知识产权保护能够通过吸引和利用全球创新资源，推动我国引领和构建更为开放、包容、互利的全球创

---

① 朱丹. 加强知识产权司法保护 促进新质生产力发展 [N]. 人民法院报, 2024-04-25.

新生态，促进我国与其他国家的知识共享与技术交流，推动全球创新要素高效流通。

知识产权保护赋能新质生产力发展要创新知识产权保护机制，回应新质生产力发展的时代需求。新质生产力的发展催生了一系列新技术，在商业模式和文化产业等方面引发了深刻的变革。这些变革对现有的知识产权法律体系提出了新的要求，要求其在保护对象、保护范围、保护期限、权利界定等方面进行相应的调整和完善。以 AI 技术为例，AI 创作的音乐、绘画、文学作品等是否应该受到版权保护，以及相关权利的归属都需要法律进行明确界定。这就要求我们要进一步完善知识产权法律法规体系，包括修订现有的知识产权法律法规，增强法律法规的可操作性和适应性，充分保护颠覆性和前沿性技术成果，不断满足战略性新兴产业和未来产业的知识产权保护需求。我们还应该构建和完善知识产权纠纷多元化解决机制。知识是兴国之器，产权是市场经济之基，有效解决知识产权领域的矛盾纠纷，对于优化营商环境，激励创新创造具有重要的意义。

知识产权保护赋能新质生产力发展要构建和完善知识产权纠纷多元化解决机制，这是提高知识产权保护效率和公正性的重要途径。未来，我们要创建包括调解、仲裁、行政处理和司法诉讼在内的多层次知识产权纠纷解决平台，丰富纠纷解决途径；鼓励和使用调解和仲裁方式解决知识产权纠纷，减轻司法负担，增强纠纷解决的灵活性和经济性。同时，要加强知识产权行政管理部门的执法力度和专业性，还要加强法院对知识产权的司法保护，通过构建多元化的知识产权纠纷解决机制，为科技创新的发展保驾护航[1]。知识产权保护赋能新质生产力发展，要积极参与知识产权国际规则制定，提高知识产权保护的国际化水平。

在经济发展全球化背景下，加强国际合作与交流对于推动新质生产力发展具有重要意义。我国要通过和其他国家、国际组织和地区性知识产权机构进行交流与合作，共同研究探讨知识产权保护的新问题、新挑战，分享经验做法，建立合作机制；积极参与知识产权国际规则制定，通过参与制定国际知识产权规则，推动国际规则更好地反映发展中国家的利益和关切。同时，还要根据国际知识产权规则的发展趋势和我国国情，及时修订和完善国内知识产权法律制度，提高知识产权保护水平，与国际规则接

---

① 姜佩杉. 以高水平知识产权审判工作保障新质生产力加快发展 [N]. 人民法院报，2024-03-28 (01).

轨，为我国科技创新的发展和保护提供有力支持。

7.2.5　健全科技金融市场，激活金融机构的保障作用

金融机构的保障作用对科技创新以及通过数字经济赋能新质生产力发展具有重要意义。金融机构能够为数字经济的创新和发展提供必要的资金支持。

首先，通过给予税收优惠等措施，密切风险投资行业与科创企业的深度合作。风险投资（VC）和私募股权（PE）等投资机构在新质生产力的发展中起着至关重要的作用。它们能够为科创企业提供必要的资金支持，帮助企业度过研发和市场推广初期的资金短缺难关，这对于科创企业来说至关重要。为了鼓励投资机构加大对科创企业的投资力度，可以通过提供税收优惠、设立风险投资引导基金等方式，对于投资于初创期和成长期科创企业的投资机构，可以在一定期限内减免其企业所得税，或者在计算应纳税所得额时允许其将投资损失予以税前扣除。这些措施能够降低投资机构的投资成本，提高其投资回报，从而激发其投资科创企业的积极性。

其次，可以通过建立风险投资与科创企业对接平台，促进双方的信息交流和合作。该平台能够为投资机构和科创企业提供一个信息交流、项目展示和对接合作的渠道，从而提高双方的合作效率和成功率。同时，政府还可以通过举办投资对接会、创业大赛等活动，为投资机构和科创企业提供更多的交流和合作机会。此外，政府还可以通过鼓励和引导投资机构加大对科技型中小企业的投资力度。科技型中小企业是我国科技创新的重要力量，但往往面临着融资难、融资贵的问题。政府可以通过设立科技型中小企业投资引导基金，为投资机构提供风险补偿和收益保障，引导其加大对科技型中小企业的投资力度。

再次，为了更好地赋能新质生产力的发展，我们需要推动金融企业的服务模式创新，建立更加紧密的银企合作机制，充分发挥资本在创新资源配置、市场化机制建设等方面的战略引领作用。在这个过程中，商业银行等金融机构扮演着至关重要的角色。金融机构可以通过创新信贷产品和服务，为科创企业提供更加灵活和高效的融资支持。举例来说，银行可以针对科创企业的特点，推出知识产权质押贷款、订单融资、应收账款融资等新型信贷产品，这些产品能帮助企业盘活资产，缓解融资难题，从而加速科技创新和市场化进程。此外，金融机构还可以通过建立科技支行、科创

企业金融服务部门等方式，提升对科创企业金融服务的专业性和针对性。这些专门的服务机构能够更好地理解和满足科创企业的金融需求，为它们提供更加专业和全面的金融服务。金融机构还可以利用自身的资源和优势，为科创企业提供一揽子综合金融服务，包括但不限于投资银行、资产管理、风险管理等方面的服务。这些服务可以帮助科创企业更好地进行资本运作和风险管理，从而提升它们的创新能力和市场竞争力。

最后，通过科技型中小企业技术创新基金等形式，为小微企业提供普惠型的资金扶植。为了全面促进新质生产力的发展，政府应当通过设立科技型中小企业技术创新基金等形式，为小微企业提供普惠型的资金扶植。政府通过设立技术创新基金，为这些企业提供无息或低息贷款、贷款贴息、直接资金支持等，帮助企业解决研发和市场化过程中的资金需求。这些资金支持可以帮助科技型中小企业顺利进行技术研发和市场推广，从而推动科技成果转化和产业化进程。金融机构在支持科技型中小企业发展方面具有不可或缺的作用。

因此，政府要鼓励和引导金融机构加大对科技型中小企业的信贷支持力度。政府可以通过风险补偿、信贷担保等方式，降低金融机构的风险担忧，提升其服务科技型中小企业的积极性。例如，在现实金融行业发展赋能新质生产力发展中，政府通过设立信贷风险补偿基金，可以为金融机构提供风险补偿，从而能够进一步鼓励其加大对科技型中小企业的信贷投放。政府还可以通过建立和完善科技型中小企业信用担保体系，为金融机构提供信用担保，降低其信贷风险。综上，通过这些措施能够有效缓解科技型中小企业的融资难题，促进科技创新和产业发展。

7.3 加强数实融合发展，推动现代化产业体系建设

数字经济和实体经济融合发展潜力巨大。实体经济是一国经济的立身之本、财富之源，是构筑未来发展战略优势的重要支撑。数字经济同实体经济紧密结合，将发挥乘数效应，为经济增长带来全新动力。反之，一旦脱离了实体经济支撑，数字经济就会变成空中楼阁，成为无源之水、无本之木，甚至隐藏着巨大风险。在我国，实体经济规模庞大，在经济总量中占有重要比重，尤其是拥有全球最大、门类最齐全的制造业体系，制造业

规模稳居全球第一，220多种工业产品的产量位居世界首位，这为数字技术的应用提供了丰富的场景和巨大的潜力。

党的二十大报告明确提出，要推进新型工业化，实施产业基础再造工程和重大技术装备攻关工程，巩固优势产业的领先地位，推动战略性新兴产业融合集群发展，促进现代服务业与先进制造业、现代农业的深度融合，建设高效顺畅的流通体系①。这些重大部署，不仅为实体经济与实体经济的发展指明了方向，也为数字经济的深度融合提供了宽广的舞台。数字技术的融入，将使得实体经济更加智能、灵活、高效，从而推动我国经济向更高质量、更可持续的发展模式转变。数实融合，即数字经济与实体经济的融合，是指通过数字技术的深度应用，推动传统实体经济的发展模式创新和产业结构的优化升级。数实融合要求将大数据、云计算、人工智能、物联网等数字技术集成到生产、流通、销售等实体经济的各个环节，以提高效率、降低成本、创造新的价值，实现经济的数字化转型和高质量发展。数实融合是新时代经济发展的重要特征，对于提升国家竞争力、促进经济持续健康发展具有重要意义。因此，数字经济与实体经济的融合发展，不仅是经济转型升级的必然选择，更是实现中华民族伟大复兴中国梦的重要途径。

数字经济是建设现代化产业体系的重要引擎，现代化产业体系是推动新质生产力发展的重要动力。现代化产业体系是指以高科技产业为先导，以先进制造业为支柱，以现代服务业为支撑，以现代农业为基础，通过信息化、智能化、绿色化等手段，实现产业高度融合、产业链条完整、产业布局合理的经济体系。现代化产业体系是现代化国家的物质技术基础，加快建设以实体经济为支撑的现代化产业体系，关系到我们能否在未来发展和国际竞争中赢得战略主动。数字经济具有高创新性、强渗透性、广覆盖性的特点，不仅是新的经济增长点，而且是改造、提升传统产业的支点，可以成为构建现代化产业体系的重要引擎。引入先进的技术和设备可以推动生产过程的自动化、智能化，提高劳动生产率，降低生产成本，从而提升整体经济的效率。现代化产业体系以创新为核心驱动力，通过不断的研发和创新，推动新技术、新产品的出现，提升经济的创新能力。现代化产业体系注重产业的多样性和灵活性，能够快速适应市场需求的变化，有效

---

① 习近平. 高举中国特色社会主义伟大旗帜 为全面建设社会主义现代化国家而团结奋斗：在中国共产党第二十次全国代表大会上的报告 [N]. 人民日报，2022-10-26（01）.

应对各种经济风险和挑战。总之，构建现代化产业体系，对于推动新质生产力的发展，实现经济的高质量发展，具有重要的意义。

7.3.1 持续巩固数字产业发展基础，推动区域和城乡协调发展

在发展新质生产力的过程中，需要持续巩固数字产业发展基础，推动区域和城乡协调发展，这样才能从整体上推动新质生产力的发展①。未来进一步强化数字产业发展基础，统筹推动区域和城乡协调发展有助于优化现有数字资源配置，提高生产效率，通过加强数字基础设施建设，实现数据的高效流动和处理，企业可以更好地利用资源，提高生产效率，降低成本，从而提升竞争力。数字技术的应用可以推动传统产业的数字化转型，催生新的商业模式和服务，为经济发展注入新的动力。

协调不同区域的数字经济发展，有助于缩小区域和城乡差距，实现数字经济赋能新质生产力的全面发展。通过加大中西部地区和农村数字基础设施建设力度，可以缩小地区间的发展差距，促进区域经济的均衡发展，推动我国经济社会高质量发展。因此，持续巩固数字产业发展基础，推动区域和城乡协调发展，对发展新质生产力十分有必要。"东数西算"工程是我国为了优化全国数据中心布局，提升数据处理能力，推动东西部算力资源协同而实施的一项重要工程，该工程通过在东部地区建设数据处理和应用中心，在西部地区建设数据中心，实现数据的优化配置和高效利用。国家算力枢纽节点作为"东数西算"工程的重要组成部分，承担数据处理和存储的关键任务，这些节点的建设，不仅能够提高数据处理的效率，还能够促进东西部地区的数字经济发展，实现资源的优化配置。国家数据中心集群项目的建设，将有助于集中管理和利用数据资源，提高数据存储和处理的能力，这些集群项目可以服务于各个行业，为企业和政府提供强大的数据支持，促进数字化转型②。建设"东数西算"工程与国家算力枢纽节点以及国家数据中心集群项目，是推动数字经济赋能新质生产力发展的关键途径。因此，要通过制定和出台相关政策，鼓励和引导社会资本投资于"东数西算"工程和国家算力枢纽节点的建设。

加强 5G、物联网、卫星互联网等通信网络基础设施建设，有助于推动

---

① 任保平. 以数字新质生产力的形成全方位推进新型工业化 [J]. 人文杂志，2024（3）：1-7.

② 刘友金，冀有幸. 发展新质生产力须当拼在数字经济新赛道 [J]. 湖南科技大学学报（社会科学版），2024（1）：89-99.

区域和城乡协调发展。通信网络基础设施构成了数字经济的基石，加强通信网络基础设施建设对发展数字经济至关重要。通信网络为数字经济发展提供了快速、可靠的数据传输渠道，使得信息可以在瞬间到达全球任何角落，这种高效的通信能力支撑着各种数字服务和应用程序，如云计算、大数据分析、人工智能和物联网，这些服务和应用程序是现代企业和组织运营的关键，强大的通信网络有助于提高生产力，促进创新发展。5G 网络的快速部署和覆盖，将为数字经济提供高速、低延迟的连接渠道，使得远程控制、高清视频传输等应用成为可能，为工业、医疗、教育等多个领域提供了新的发展机遇。

物联网的建设使得万物互联成为现实，通过传感器和智能设备收集的大量数据，为智能化决策提供了基础，物联网的应用可以极大地提高生产效率和能源利用效率。加强卫星互联网的建设，特别是在偏远地区提供稳定、广泛的网络覆盖，缩小数字鸿沟，使得这些地区的居民也能够享受到数字经济带来的便利。因此，数字经济赋能新质生产力发展必须要加强5G、物联网、卫星互联网等通信网络基础设施建设。

未来，加强 5G、物联网、卫星互联网等通信网络基础设施建设，要推动通信网络技术创新与研发。5G、物联网、卫星互联网等通信网络技术是数字经济的核心驱动力，为了保持竞争力，需要不断推动技术创新与研发，提高网络的性能和覆盖范围，政府可以与企业、高校和科研机构合作，共同投入资源，推动通信网络技术的研发和应用。同时，政府应鼓励企业采用新技术，提升网络的能效和运行效率。为了满足未来数字经济的发展需求，需要优化基础设施建设策略，优先建设中西部地区和农村地区的通信网络基础设施，以缩小数字鸿沟，实现全国范围内的网络全覆盖。同时，还要根据人口密集度和业务需求，合理规划网络资源的分配，确保网络的稳定性和可靠性。此外，还要加强国际合作，借鉴其他国家的先进经验和技术，提升我国通信网络基础设施的建设水平。

随着数字经济的快速发展，网络安全和隐私保护成为重要关注点。因此，加强通信网络基础设施的安全保障是推动数字经济发展的前提，可以通过相关政策和法规，加强对网络设备和系统的安全监管。企业和组织应加强自身的网络安全意识和能力，采取有效的安全措施，保护用户数据和隐私，加强国际合作，共同应对网络安全挑战，为数字经济发展提供可靠保障。

7.3.2　以高质量的数据供给促进"数实融合"提质增效

大力推进数字技术与实体经济深度融合，必须系统性化解企业在数应用方面的现实难题，以高效率的市场配置实现高质量的数据供给，让实体经济企业能够以更低的成本、更快的速度获取数字化转型中急需的高质量数据要素，发挥我国海量数据优势，多措并举激发"数实融合"创新发展①。高质量的数据供给是促进"数实融合"的关键，对于数字经济赋能新质生产力发展具有重要意义。高质量的数据能够为实体经济提供更准确的决策依据，帮助企业优化生产流程、提高产品质量，从而提升生产效率。数据的高质量供给有助于企业推动创新，挖掘潜在需求，促进新产品、新服务的研发，为经济增长注入新动力。

高质量的数据供给还能推动产业协同，打破信息孤岛，实现产业链上下游的高效对接，提升企业整体竞争力。高质量的数据供给有利于政府更好地监管和调控经济，实现资源的优化配置，提高社会治理水平。数据的高质量供给能促进我国数字经济的健康发展，培育新的经济增长点，为我国经济转型升级提供强大支撑。总之，高质量的数据供给对于推动"数实融合"，实现数字经济赋能新质生产力发展具有重要意义。

一是发展多元流通方式，提升数据要素配置效率。数据服务是数据流通的关键环节，通过发展多元化的数据服务业态，可以提升数据要素的配置效率。因此，我们需要培育一批专业性强、分析能力强的数据服务机构，鼓励数据集成、数据经纪、合规认证、安全审计、数据公证、资产评估、争议仲裁等数据服务业态创新；通过推动数据清洗、加工、分析等环节的专业化发展，提高数据质量，培育数据交易市场，提供数据交易、数据租赁、数据加工等多种服务，满足不同场景下的数据需求。我们还要加强数据安全保护，建立健全数据安全管理制度和技术手段，保障数据流通的安全可靠。

我们还要积极开展数据互换模式试点。数据互换是指企业之间相互交换数据，实现数据资源的互补和共享，打破数据孤岛，促进数据流通。开展数据互换要求我们要推动企业间的数据互换合作，通过政策引导、资金支持等方式降低数据互换门槛，建立数据互换平台，提供技术支持和运营

---

① 徐晓明，杜何颜. 数实融合助力制造业数字化转型的路径探析 [J]. 行政管理改革，2024（2）：57-65.

管理，实现数据互换的便捷高效，加强对数据互换的监管，确保数据互换的合法合规进行，最终实现产业数据的互通，赋能实体经济数字化转型。此外，我们还应该引导产业组织创新①。产业组织创新是推动数据流通的关键，通过创新产业组织形式，可以提升数据要素的配置效率。这就要求要进一步推动产业链上下游企业之间的数据流通和合作，打通经济生产环节和上下游生态体系的数据循环，培育一批贯通产业链、供应链的数据要素型企业，实现产业链数据资源的优化配置，鼓励企业内部的数据流通和共享，提高企业内部的数据利用效率，支持企业开展数据驱动的业务创新，培育新的商业模式和增长点。

二是发挥平台引领作用，构建产业公共数据空间。产业数据权属的明确是构建产业公共数据空间的基础。产业数据权属的明确需要政府、企业和行业组织共同努力，政府方面要出台相关政策，明确产业数据的权属，保护数据产权，鼓励数据流通和共享；企业方面要加强内部数据管理，明确数据的归属和使用权限，建立健全数据安全保护制度；行业组织方面也应发挥协调作用，推动行业内部的数据流通和共享，促进产业数据空间的形成，特别要注意在保护行业龙头公司合法数据持有权和经营使用权的同时，着力保障产业上下游中小企业对产业公共数据的使用权。

同时，要注重构建产业数据空间，产业数据空间是产业数据流通和共享的载体，是产业数据资源整合和利用的平台。构建产业数据空间需要政府、企业和行业组织的共同参与。政府应提供政策支持和资金投入，推动产业数据空间的建设和发展；企业也要积极参与产业数据空间的建设，提供数据资源和技术支持，共同推动产业数据空间的形成和发展；行业组织应发挥协调和推动作用，促进产业数据空间的共建共享，推动产业数据资源的整合和利用。同时值得注意的是，在构建产业公共数据空间过程中，不能忽视统一的数据标准和规范的制定。统一的数据标准和规范是产业数据空间建设和运营的基础，可以保证数据的质量和流通效率。政府、企业和行业组织要共同制定统一的数据标准和规范，推动产业数据空间的标准化建设。还要注意数据安全和隐私保护，数据安全和隐私保护是产业数据空间建设的重要保障，可以保证数据的安全和用户的隐私。政府、企业和行业组织要共同加强数据安全和隐私保护，建立健全数据安全保护制度和

---

① 李治国，王杰. 数字经济发展、数据要素配置与制造业生产率提升 [J]. 经济学家，2021（10）：41-50.

技术手段。

三是要加快产业互联网建设，保障产业数据源头供给。首先，要打造示范标杆。示范标杆的打造可以展示产业互联网建设的优秀成果，为其他企业提供借鉴和学习的范例[①]。在工业、农业、服务业领域形成一批产业互联网应用示范工程，推动产业集群数字化转型，支持和鼓励具有示范效应的产业互联网项目，通过政策引导、资金支持等方式推动示范标杆的建设。同时，企业要积极参与示范标杆的打造，通过技术创新、业务优化等方式提升自身在产业互联网建设中的地位和影响力。其次，继续培育创新性服务业。创新性服务业是产业互联网建设的重要支撑，可以为产业数据源头供给提供丰富多样的服务。政府应该通过加大对创新性服务业的培育力度，以政策引导、资金支持等方式推动创新性服务业的发展，培育一批具有行业转型经验、数据治理能力和技术创新实力的创新性服务机构。同时，企业也应积极探索和创新，提供与产业互联网建设相关的多元化服务，满足不同场景下的数据需求。最后，要加强标准建设。标准建设是产业互联网建设的基础，可以保障产业数据的流通和共享。针对目前我国产业互联网以企业内网应用为主的问题，相关机构应该加强产业互联网标准研制，以统一的标准推动产业互联网由企业内部应用向产业生态开放互联转变。政府、企业和行业组织应共同加强标准建设，制定统一的数据标准和规范，推动产业互联网的标准化建设。同时，政府应加强对标准执行的监督和评估，确保标准得到有效实施和推广。在制定标准的同时要注意推动产业链协同。产业链协同是产业互联网建设的目标，可以实现产业链上下游的高效协同和资源优化配置。政府、企业和行业组织应共同推动产业链协同，通过信息共享、资源整合等方式提升产业链的整体竞争力。

7.3.3　加快产业数字化进程，促进消费互联网与产业互联网协调发展

消费互联网是数字化平台与民众的生活消费场景相结合的结果。过去十年，我国消费互联网取得了举世瞩目的成绩，随着消费互联网进入平稳增长期，行业增量红利逐渐消退。产业互联网起源于消费互联网，产业互联网是数字经济真正的蓝海。产业互联网源于人类社会的数字化、网络

---

① 任保平. 我国产业互联网时代的新特征及其发展路径 [J]. 人民论坛，2021（1）：66-68.

化、智能化、智慧化，最终万物互联，人机交互，实现产业智能化、绿色化、融合化①。产业互联网利用人工智能、区块链、云计算、大数据等互联网技术和工具为传统产业进行赋能，从而提高企业在服务和运营方面的能力，实现"互联网+"的组织架构。产业互联网的应用场景范围包括制造业、城市管理、政府服务、零售、金融、医疗、交通等领域的各个行业。产业互联网的出现增强了信息技术的"赋能力"，为实体经济实现质量变革、效率变革、动力变革提供了重要契机，产业互联网正在成为下一个蓝海增长点。

加快产业数字化进程，促进消费互联网与产业互联网协调发展，是推动数字经济赋能新质生产力发展的一个重要途径。产业数字化能够实现生产流程的智能化、自动化，提高生产效率，降低成本，增强企业的竞争力。同时，产业数字化也能够促进产业链上下游的高效协同，实现资源的优化配置，推动产业的升级和转型。消费互联网与产业互联网的协调发展，能够实现消费需求与生产供给的高效对接，提高产品的市场适应性和用户体验，推动经济增长。此外，消费互联网与产业互联网的协调发展还能够促进数据的流通和共享，为政府和企业提供更准确、更全面的数据支持，推动决策的科学化和精准化。因此，加快产业数字化进程，促进消费互联网与产业互联网协调发展，对于推动数字经济赋能新质生产力发展具有重要意义。

加快产业数字化进程需要以数字政府和新型智慧城市建设为抓手，打造数字经济、数字生活和数字政府，为产业数字化转型提供更多更优质应用场景。数字生活是人们在日常生活中通过数字技术获取信息、交流沟通、消费娱乐、居家办公的生活方式。随着互联网、移动通信、社交媒体等技术的发展，数字生活已经成为现代社会的重要组成部分，极大地丰富了人们的生活体验，提高了生活效率。数字政府是政府利用数字技术来提高政府服务效率、透明度和公众参与度，实现政府管理和服务的现代化。政府通过电子政务平台，提供在线政务服务，实现政务数据的共享和开放，提升政府决策的科学性和精准性，增强政府与民众之间的互动和沟通。通过建立高效的数字政府平台，实现政务数据的一体化管理和共享，可以为产业互联网提供准确实时的政策、市场、行业信息，促进产业链的

---

① 郑英隆，李新家. 新型消费的经济理论问题研究：基于消费互联网与产业互联网对接视角[J]. 广东财经大学学报，2022（2）：4-14.

协同发展①。

加快产业数字化进程还要推动新型智慧城市基础设施建设，如物联网、大数据中心等，为产业互联网提供强大的技术支持，同时通过智慧城市应用场景的打造，激发消费互联网的创新，鼓励政府、企业、科研机构共同探索产业互联网和消费互联网的应用场景，如智慧物流、智能制造、在线教育、远程医疗等，推动两网的协同发展。总之，产业互联网正接力消费互联网，成为促进我国经济数字化的新动力，其产业规模也有望从2025年的4万亿元增长至2030年的12.22万亿元。推动产业互联网和消费互联网协同发展，有助于制造业，农业、教育业、医疗业、文娱业、服务业等越来越多的行业开始借互联网的"快车"，实现数字经济与产业融合发展，从而推动产业转型升级。

7.3.4 推进数实融合应用示范，引导实体企业与数字经济深度融合

随着经济环境和国际形势的不断变化，数字经济和实体经济的深度融合已经成为时代发展的必然趋势。这种融合不仅是将数字技术应用于实体经济，而是要与中国式现代化的目标和任务紧密结合，共同推动我国经济和社会的高质量发展。数字产业化和产业数字化的协同转型发展是基于数字产业规模化高质量发展和实体产业现代化转型升级的产业变革需求，这就要求我们深入了解新发展格局中的主要矛盾和战略重点，以此推进数字经济和实体经济的融合发展和转型升级。当前，中国的数字经济发展已取得显著成就，走在世界前列。然而，我们也应清醒地看到，加快现代化产业体系布局、畅通国内国际双循环、赢得国际竞争主动等战略性任务依然艰巨。我们需要深刻理解数字经济和实体经济融合发展的内在规律，系统总结和借鉴全球和我国数字产业化和产业数字化统筹推进的实践经验，准确把握数字经济和实体经济相互依存、相互促进的辩证关系，更好推动数字经济与实体经济的深度融合。

①数实融合应用示范有助于推动数字技术与实体经济的深度融合，促进传统产业的数字化、网络化和智能化升级，提升生产效率和产品质量，增强产业的竞争力。②数实融合应用示范可以催生新的商业模式和服务模式，如共享经济、平台经济等，为企业带来新的增长点，也为消费者提供

---

① 王岭. 数字经济时代中国政府监管转型研究 [J]. 管理世界，2024（3）：110-126.

更加便捷和个性化的服务。③数实融合应用示范可以优化资源配置，通过精准匹配供需，减少资源浪费，提高资源利用效率。④数实融合应用示范可以提升用户的消费体验，通过线上线下融合的方式，让消费者享受到更加丰富和便捷的服务。⑤数实融合应用示范可以提升政府的治理能力和效率，实现更加精细化、科学化的社会治理。⑥数实融合应用示范可以带动区域经济的发展，通过打造数字经济的产业集群，吸引投资，促进就业，提升区域的综合竞争力。⑦数实融合应用示范可以培育新的经济增长点，推动经济结构的优化和升级，为经济发展注入新的动力。在全球范围内，数字经济已成为国家竞争力的重要组成部分，推进数实融合应用示范，有助于提升国家的科技水平和创新能力，增强国家的国际竞争力。

一是聚焦数字产业集群建设，提升数字产业化的竞争力。数字产业集群是数字经济的重要载体，可以促进产业链上下游企业之间的协同创新，提升整个产业链的竞争力①。深圳市是我国数字产业集群的重要基地，拥有华为、腾讯等众多知名企业，这些企业在数字产业化方面具有较强的竞争力，他们的经验和做法值得在全国推广和学习。加强数字产业集群建设需要推动产业链协同创新发展，通过推动产业链上下游企业加强合作，共同开展技术研发、市场拓展等，提升产业链整体竞争力。加强数字产业集群建设还要优化数字产业集群发展环境，不断完善相关政策体系，加强知识产权保护，降低企业成本，为数字产业集群发展创造有利条件。通过引导资本、技术、人才等资源向数字产业集群集聚，通过政策扶持和市场化手段，吸引优质资源投入，可以推动数字产业集群高质量发展。

二是聚焦融合创新应用乘数效应，提升产业数字化的水平。融合创新是推动产业数字化的重要动力，可以带来乘数效应，提升整个产业的数字化水平。工业互联网是融合创新的重要应用领域，它通过将工业设备与互联网连接，实现了设备之间的数据交换和协同工作，进一步提升了生产效率和产品质量。要发挥乘数效应，就要不断加强智能制造和工业互联网应用，推动企业实现生产过程的智能化、网络化，提升生产效率和产品质量。数字技术可以提升服务业的服务质量和效率，满足消费者个性化、多样化的需求，促进服务业数字化升级。

三是要聚焦传统实体产业转型升级，提升产业数字化的引领力。传统

---

① 殷利梅，何丹丹，王梦梓，等.打造具有竞争力的数字产业集群 [J]. 宏观经济管理，2024（2）：28-35.

实体产业是国民经济的基础，其数字化转型对于提升整体经济质量具有重要意义。传统制造业通过引入智能化生产线和工业机器人，可以实现生产过程的自动化和智能化，提升生产效率和产品质量。提升产业数字化的引领力，要不断推动传统产业技术创新，鼓励企业加大研发投入，引进先进技术，提升传统产业的科技含量和附加值。提升产业数字化的引领力，还要加强智能制造和工业互联网应用，推动企业实现生产过程的智能化、网络化，提升生产效率和产品质量。提升产业数字化的引领力，还要促进服务业数字化升级，利用数字技术提升服务业的服务质量和效率，满足消费者个性化、多样化的需求。提升产业数字化的引领力，要推动农业现代化，运用数字技术提升农业生产水平，实现农业规模化、集约化、智能化发展。总之，数字经济和实体经济相互支撑、相互促进、相伴而生，它们的深度融合能够有力推动我国新质生产力的进一步发展。

7.4 建设全国统一大市场，发挥超大规模市场的创新优势

改革开放以来，我国一直在推进市场经济体制的改革，其中，统一大市场的建设一直是经济发展的重要任务。1993 年以来，我国就强调了发展生产要素市场、规范市场行为的重要性，并提出了形成统一、开放、竞争、有序的大市场的目标。2022 年 3 月，《中共中央 国务院关于加快建设全国统一大市场的意见》正式发布，标志着加快建设全国统一大市场成为国家战略。这一意见强调了打破地方保护和市场分割，促进商品要素资源在更大范围内畅通流动，以及建设高效规范、公平竞争、充分开放的全国统一大市场的重要性。党的二十大报告强调，加快构建新发展格局，着力推进高质量发展，必须加快"构建全国统一大市场，深化要素市场化改革，建设高标准市场体系"[①]，并对加快建设全国统一大市场进行了再部署。

建设全国统一大市场，发挥超大规模市场的创新优势，首先要明确全国统一大市场的重要内涵。全国统一大市场是市场制度规则的统一，全国统一大市场要求建立统一的市场制度规则，打破地方保护和市场分割，促

---

① 习近平. 高举中国特色社会主义伟大旗帜 为全面建设社会主义现代化国家而团结奋斗：在中国共产党第二十次全国代表大会上的报告 [N]. 人民日报，2022-10-26（01）.

进商品要素资源在更大范围内的畅通流动，包括强化产权保护、市场准入、公平竞争、社会信用等基础制度规则的统一①。全国统一大市场不仅涵盖具体的商品与服务市场，还包括更基础的要素市场，如资本、技术交易、能源、碳排交易权市场，全国统一大市场是一个全面的、多层次的市场体系。此外，全国统一大市场还意味着统一标准的制定，也就是涉及建立统一的技术标准与基础设施，以确保市场的统一性和高效运行。

建设全国统一大市场具有重要的战略意义，它是构建新发展格局的基础支撑和内在要求。推进全国统一大市场建设可打破地区保护壁垒，重塑国内分工格局，让产业有更多落地选择，提升各省份可调动资源上限，释放大国经济的潜力和规模效应，更好发挥超大规模市场具有的丰富应用场景和放大创新收益的优势，进而通过市场需求引导创新资源有效配置，促进创新要素有序流动和合理配置，完善促进自主创新成果市场化应用的体制机制，支撑科技创新和新兴产业发展。同时，建设全国统一大市场还可以充分发挥市场在资源配置中的决定性作用，更好地发挥政府作用，推动我国市场由大到强的转变。

随着全国统一大市场的不断建设，我国的市场规模逐步扩大和形成，强大的市场优势能够更好推动我国数字经济赋能新质生产力发展。我国拥有超过 14 亿的人口，其中超过 4 亿属于中等收入群体。这一庞大的人口基数和日益增长的中等收入群体构成了巨大的消费市场，这对于应对各种风险挑战、构建国内强大市场具有重要意义。国家统计局数据显示，2021 年我国 GDP 增长了 8.1%，在全球主要经济体中名列前茅，经济总量达到了 114.4 万亿元，稳居世界第二，占全球经济的比重超过 18%，人均 GDP 达到了 80 976 元，突破了 1.2 万美元，这意味着人均消费能力的不断增加。

从内需市场发展来看，我国正处于新型工业化、信息化、城镇化、农业现代化的快速发展阶段，投资需求潜力巨大。内需作为我国经济发展的基本动力，其市场规模和潜力对于推动"十四五"时期我国经济社会发展和 2035 年基本实现社会主义现代化具有重要作用。在数字经济发展规模方面，到 2022 年，我国大数据产业规模已经达到了 1.57 万亿元，同比增长 18%，成为推动数字经济发展的重要力量。此外，我国在数字基础设施方面实现了跨越式发展，全球最大的光纤网络、数据中心总机架数量和 5G

---

① 盖凯程，韩文龙. 新质生产力［M］. 北京：中国社会科学出版社，2024：88-89.

基站数量均位居世界前列。以上数据表明，我国的超大规模市场在庞大的人口基础、快速增长的经济、强大的内需潜力以及迅速发展的数字经济等多个方面都有体现，这些因素共同作用，使我国市场成为全球最大的单一市场，具有巨大的发展潜力和影响力。因此，在推动数字经济赋能新质生产力发展时，必须要依托我国重要的市场优势，助力新质生产力发展。

7.4.1 统一基础制度规则，激发市场主体活力

健全市场体系基础制度是市场体系高效运行的根本。完善的市场体系基础制度能够为市场参与者提供明确的规则和预期，从而促进市场的公平竞争和有序运行①。市场体系基础制度包括产权保护、市场准入、公平竞争、社会信用等方面的制度，例如，明确的产权保护制度可以鼓励创新和投资，促进资源的有效配置；公平的市场准入制度可以防止垄断和不公平竞争等。市场体系基础制度的完善能够提高市场的透明度和效率。建立统一的技术标准和规范可以降低交易成本，提高市场的运行效率；完善的信息披露制度可以提高市场的透明度，减少信息不对称，促进资源的有效配置。此外，健全的市场体系基础制度能够为政府监管提供有效的手段和依据，保障市场的稳定运行。通过建立有效的市场监管机制可以及时发现和纠正市场失灵，防止市场风险的发生；通过建立有效的争端解决机制可以保护市场参与者的合法权益，维护市场的公平和正义。因此，要利用全国统一大市场的优势推动新质生产力发展，必须首先要健全市场体系基础制度。

首先，完善统一的产权保护制度。健全市场体系基础制度，需要坚持平等保护、全面保护、依法保护各类产权，提高制度化、法治化水平。产权保护制度的完善是建设全国统一大市场、发挥我国超大规模市场创新优势的基础。产权保护制度是指国家通过法律、行政等途径和方式，对市场主体的财产权益进行保护的一系列制度安排，有助于增强市场主体的创新动力和投资信心，促进资源的有效配置。完善产权保护制度，需要开展立法工作，制定和完善相关法律法规，明确产权保护的主体、范围和程序，根据经济发展水平不断修订和完善《中华人民共和国物权法》《中华人民共和国知识产权法》等相关法律，强化对知识产权的保护力度，确保创新

---

① 彭艺璇. 习近平关于法治化营商环境重要论述的核心意涵和实践进路 [J]. 中南民族大学学报（人文社会科学版），2024（4）：161-169.

成果得到有效保护。

　　明确产权界定，对各类产权进行清晰界定，可以避免产权纠纷。随着数字经济的不断发展，产权的种类越来越丰富，数据产权、人工智能相关产权，以及其他颠覆性前沿性技术的相关产权不断涌现，很多领域的产权界定还存在着空白或者模糊的问题，需要加强研究和探索，制定合理的产权界定政策，以保护市场主体的合法产权，提高新质生产力相关企业在我国市场的投资信心和发展动力。完善产权保护制度，还要建立健全产权交易平台和机制，促进产权的顺畅流转，加强对产权交易市场的监管，防止不正当交易行为的发生，保护交易双方的合法权益。总之，完善产权保护制度可以提高市场的透明度和公平性，使市场主体的权益得到有效保障，市场规则更加公平，市场秩序更加有序，从而提高市场的透明度和公平性，更有利于我国技术的创新和经济的可持续、高质量发展。

　　其次，实行统一的市场准入制度。完善产权保护制度，需要严格落实"全国一张清单"管理模式，推动实现市场准入效能评估全覆盖。市场准入制度是国家通过法律、行政等手段，对市场主体的市场准入进行规范的一系列制度安排。实行统一的市场准入制度，是建设全国统一大市场、发挥我国超大规模市场创新优势的关键。在统一的市场准入制度下，所有市场主体都按照相同的规则进行市场准入，不存在地域、所有制等方面的歧视，从而可以促进公平竞争，激发市场活力，市场主体的准入和退出都更加便捷，市场机制更加灵活，从而提高市场的效率。

　　在统一的市场准入制度下，国内外市场主体都可以按照相同的规则进行市场准入，从而提高市场的开放度，促进国内外市场的融合和发展。这就需要制定统一的市场准入政策，全面实行负面清单制度，消除地域、所有制等方面的歧视，确保各类市场主体都能公平地参与市场竞争①。对于外资企业、民营企业等不同所有制的企业，应给予平等待遇，消除市场准入的不公平现象，为企业提供统一和可预期的市场环境。实行统一的市场准入制度，要求进一步简化行政审批流程，减少行政审批事项，提高市场准入的效率。对于重复审批、不合理审批等现象，应进行清理和改革，减轻企业负担。对于产品质量、安全标准等方面的要求，应制定统一的标准，确保市场的公平竞争和秩序。此外，实行统一的市场准入制度，还要

---

① 袁莉. 新发展格局下我国民营经济营商环境的优化策略 [J]. 改革，2024（1）：111-120.

求提高市场准入信息的透明度，公开市场准入的规则和标准，让市场主体能够清晰了解市场准入的要求。

再次，维护统一的公平竞争制度。统一的公平竞争制度是在全国范围内，对所有市场主体适用同一套竞争规则和监管标准，确保各类企业在市场竞争中享有平等地位和机会，避免因地域、所有制或其他非市场因素导致的不公平竞争。实行统一的公平竞争制度旨在通过法律、政策和监管手段，维护市场的开放性和竞争性，促进资源高效配置和经济健康发展。公平竞争环境能够激发企业的创新活力，推动技术进步和商业模式创新，促使企业提高管理水平和生产效率，增强市场竞争力。统一的公平竞争制度有助于资源按照市场效率原则进行配置，提高资源配置的合理性和有效性。同时，统一的公平竞争制度有助于维护市场秩序，减少市场失灵和不正当竞争行为，为新质生产力的发展提供稳定的市场环境。

维护统一的公平竞争制度，需要进一步完善《中华人民共和国反垄断法》《中华人民共和国反不正当竞争法》等相关法律法规。同时，政策制定应注重公平性，避免对不同所有制、不同规模的企业产生歧视。维护统一的公平竞争制度，还要健全公平竞争制度框架和政策实施机制，建立公平竞争政策与产业政策协调保障机制，优化完善产业政策实施方式。维护统一的公平竞争制度，应鼓励企业建立内部合规体系，遵守市场竞争规则，自觉维护市场秩序，不断加强自律，自觉遵守市场竞争规则，不进行垄断协议、滥用市场支配地位等违法行为。通过加强公平竞争的刚性约束，更加有力和全面维护市场竞争环境，可以为数字经济赋能新质生产力发展提供公平的竞争环境。

最后，健全统一的社会信用制度，推动社会信用体系建设高质量发展，加快推进社会信用立法。社会信用制度通过记录和评估个人或组织在经济活动中的信用状况，收集和分析各种信用信息，包括合同履行、信用记录、司法判决、行政处罚等信息，来构建一个全面的信用评价机制①。社会信用制度的构建能够促进社会诚信体系的建立，维护市场经济秩序。在数字经济发展过程中，信用是交易的基础，统一的社会信用制度能够降低信息不对称带来的交易成本，提升市场的整体信任度，提高交易效率，社会信用制度还能为创新活动提供信用支持，如一系列供信用贷款、信用

① 高泓. 营造法治化营商环境：内涵与路径 [J]. 人民论坛·学术前沿，2023（23）：108-111.

保险等金融服务，从而保障创新发展并激发创新活力。未来，要加快推进社会信用立法，明确社会信用制度的基本原则、信用信息的收集和使用规则、信用评价的标准和程序等。

健全统一的社会信用制度，需要建立全国统一的社会信用信息平台，实现各部门、各地区信用信息的互联互通，确保信用信息的准确性和及时性。健全统一的社会信用制度，还要建立健全信用记录和评价机制，对个人和组织的信用状况进行客观、公正的评价，并定期更新信用记录。同时，对于失信行为，要依法进行惩戒，如限制高消费、限制市场准入等，对于守信行为，要给予一定激励，如优先办理行政手续、提供信贷便利等。总之，健全统一的社会信用制度，能够提高市场效率，推动我国数字经济的高质量发展。

7.4.2 打造统一的要素资源市场

要素资源自由流动是提高经济循环效率的重要保障，核心是引导各类要素资源协同向先进生产力集聚。经济循环效率是指经济活动中，生产要素和资源在各个领域和地区之间的流动与配置效率。要素和资源的自由流动，使得它们能够在市场中根据需求和效率原则进行优化配置，从而提高整体经济的运行效率和生产率。通过引导要素资源向技术先进、管理高效、创新能力强、资源利用效率高的产业和企业集聚，能够实现资源的最优配置，促进经济结构的优化升级，提高经济的整体竞争力①。

数字经济时代，数据资源的重要性日益凸显，大数据、云计算、人工智能等技术的应用，使数据资源成为新的生产要素，通过数据的自由流动和高效利用，企业能够更好地了解市场需求，优化生产流程，提高产品质量和服务水平，从而提升竞争力，更好推动生产力实现质变发展。我国的珠三角和长三角地区，通过优化资源配置，吸引了大量的资本、技术和人才集聚，形成了先进的制造业和服务业集群，这些集群不仅提高了产业自身的竞争力，还带动了周边地区的经济发展，形成了区域性的经济增长极。还有我国提出的"一带一路"倡议，通过基础设施建设、贸易投资合作等方式，促进要素资源流动和优化配置，实现共同发展。综上可见，要素资源自由流动是提高经济循环效率的重要保障，能够为新质生产力的发

---

① 蔡思航，翁翕.一个数据要素的经济学新理论框架［J］.财经问题研究，2024（5）：33-48.

展注入新的要素活力。

一是要完善不同类型要素改革举措协同配合的机制，健全城乡统一的土地和劳动力市场，促进人才跨地区顺畅流动。完善不同类型要素改革举措协同配合的机制，是确保各类要素市场高效运行的关键，包括土地、劳动力、资本、技术、数据等要素的市场化改革，以及这些改革之间的相互协调和配合。在土地市场方面，要进一步推动城乡土地市场的统一，改革农村土地制度，实现农村集体经营性建设用地的入市，以及农村土地征收、集体经营性建设用地入市、宅基地制度改革的协同推进。通过这些改革，能够促进土地资源的合理流动和高效配置，提高土地的使用效率，同时为农村经济发展和农民权益保护提供更好的制度保障。劳动力市场方面，要打破城乡二元结构，实现劳动力的自由流动，通过改革户籍制度，消除城乡之间的劳动力流动障碍，使得劳动力可以根据市场需求和自身意愿自由选择就业地点。同时，还要加强职业培训和教育，提升劳动力的技能和素质，以适应经济高质量发展需要。

二是加快发展统一的资本市场，坚持金融服务实体经济。资本市场是资本要素流动和配置的重要平台，发展统一的资本市场能够提高资本要素的配置效率。加快发展统一的资本市场要求通过建立健全资本市场体系，包括股票市场、债券市场、基金市场等，促进资本要素的自由流动和高效配置，提高资本的使用效率。实体经济是国家的经济基础和支柱，资本市场应该紧紧围绕实体经济的需要，提供融资、投资、风险管理等服务，这就要求通过资本市场的融资功能，为实体经济提供必要的资金支持，促进企业的技术创新和扩大再生产；借助资本市场的投资功能，为投资者提供多样化的投资渠道，实现财富的增值；利用资本市场的风险管理功能，帮助实体经济降低风险，提高经营的稳定性。此外，统一的资本市场意味着统一的市场规则和法律制度，可以减少市场的分割和地域差异，提高市场的整体效率和公平性。统一的资本市场还能够提高市场的监管效能，防范金融风险，保护投资者的合法权益。

三是加快培育统一的技术和数据市场，鼓励不同区域之间科技信息交流互动。加快培育统一的技术和数据市场，是推动我国经济转型升级和创新发展的重要举措。技术市场主要包括技术研发、转让、交易等服务，而数据市场则涉及数据的采集、存储、处理、分析和交易等活动。建立健全的技术交易平台和数据交易平台，能够促进技术研发成果的转化和产业化，提高技术的商业价值和应用范围。同时，数据的流通和共享也能够促进数据的创新应用，推动数字经济的发展。加快培育统一的技术和数据市场，要求鼓励不同区域之间的科技信息交流互动，促进技术的跨区域传播和应用。通过举办技术展览、研讨会、创新创业大赛等活动，促进不同地区的企业、高校和研究机构之间的合作与交流，激发创新的活力；建立健全数据安全、权利保护等基础制度和标准规范，保障技术市场和数据市场健康发展，不断加强数据安全防护，保护个人隐私和知识产权，以及建立数据交易的规则和标准，确保数据交易的公平、公正和合法。加快培育统一的技术和数据市场，还要求通过技术的创新和应用，以及数据的分析和利用，提高全要素生产率和生产要素的使用效率，从而推动经济增长的质量和效益的提升。

7.4.3 推进数字产品和服务市场高水平统一

数字经济时代催生了更加丰富的数字商品和服务，这是人民群众感受最直接的市场，与民生福祉密切相关。统一的数字产品和服务市场能够打破信息孤岛，实现不同平台、系统和设备之间的互联互通，降低用户在使用不同数字产品和服务时的切换成本，提高用户体验。高水平统一的数字产品和服务市场能够为创新者提供更大的市场空间，鼓励更多的创新和竞争，推动新技术、新产品、新服务的快速迭代和推广。同时，统一的数字产品和服务市场还能够实现资源在全球范围内的优化配置，促进数字经济的发展，为经济增长提供新动力[①]。此外，在全球数字经济竞争日益激烈的背景下，统一的数字产品和服务市场能够提高我国数字经济的国际竞争力，促进数字经济的国际合作与交流。因此，数字经济时代，推进数字产品和服务市场高水平统一对于经济高质量发展至关重要，要以人民群众关心、市场主体关切的领域为重点，着力完善质量和标准体系。

一是加快健全商品质量体系，推动重点领域主要消费品质量标准与国际接轨，推进内外贸产品同线同标同质。商品质量体系的健全是保障数字产品和服务市场高水平统一的重要基础，涉及原材料采购、生产过程控制、质量检测、售后服务等一系列环节的质量管理。这就需要不断加强标准化建设，制定与国际标准接轨的质量标准，确保我国数字产品和服务在

---

① 惠炜. 数字经济助力全国统一大市场建设 [N]. 中国经营报，2023-04-29.

质量上达到国际水平。健全商品质量体系，还要推动国内标准与国际标准的互认，减少贸易壁垒；鼓励企业加大技术创新力度，采用先进的生产工艺和设备，提高产品的质量和性能；通过技术创新，不断提升我国数字产品和服务在国际市场上的竞争力；加强质量监管，建立健全的质量检测和认证体系，确保数字产品和服务在生产、流通和消费过程中的质量安全，通过严格的质量监管，进一步提升消费者对国内产品的信心。此外，健全商品质量体系，还要加强品牌建设，提升我国数字产品和服务在国际市场上的知名度，通过品牌建设，不断增强我国数字产品和服务在国际市场上的影响力。

二是不断完善标准和计量体系，优化政府颁布标准与市场自主制定标准结构，对国家标准和行业标准进行整合精简。标准和计量体系的完善是推动数字产品和服务市场高水平统一的关键。未来，完善标准和计量体系，要不断加强标准化政策的制定，明确政府颁布标准与市场自主制定标准的界限和责任，确保标准的合理性和有效性。完善标准和计量体系，要对国家标准和行业标准进行整合精简，减少重复和冗余，提高标准的可执行性和可操作性。完善标准和计量体系，还要进一步加强标准化组织的建设，提高标准化工作的专业性和效率，通过标准化组织的建设，不断促进政府、企业和行业协会之间的沟通和协作，推动标准化工作的顺利开展。

完善标准和计量体系，要加强标准化宣传和教育，提高公众对标准化的认识和理解，通过标准化宣传和教育，进一步增强全社会对标准化工作的重视和支持，促进标准化工作的深入推进。同时，完善标准和计量体系，还要加强标准化国际交流与合作，学习借鉴国际先进的标准化经验，推动我国标准化工作与国际接轨，通过标准化国际合作，可以提升我国标准化工作的国际影响力，促进我国数字产品和服务市场高水平统一。

三是全面提升消费服务数字化质量，围绕住房、教育培训、医疗卫生、养老托育等重点民生领域，推动形成公开的消费者权益保护事项清单，完善纠纷协商处理办法。首先，要制定消费者权益保护事项清单。如针对住房领域，建立透明的房屋质量标准和服务规范，确保消费者在购房过程中能够获得准确的信息和合理的权益保护。在医疗卫生领域，制定医疗服务的质量标准和操作规范，确保患者获得安全、有效的医疗服务，同时加强医疗信息透明度，保护患者的隐私和知情权。在养老托育领域，制定养老托育服务的质量标准和操作规范，保障老年人的养老权益和儿童的安全成长，提供全面、可靠的服务。其次，不断完善纠纷处理办法。通过建立数字化的消费者权益保护投诉平台，提供便捷的投诉渠道，可以让消费者能够及时反映问题和提出诉求。同时，进一步完善纠纷协商处理机制，鼓励和引导消费者与服务提供者通过协商解决争议，提高纠纷解决的效率和满意度。加强对纠纷协商处理结果的监督和执行，确保消费者权益得到有效维护。总之，通过推动消费服务和保障数字化水平，可以更好维护消费者合法权益，推动数字经济的有序发展。

7.4.4 完善现代化市场监管机制

数字经济时代的市场监管方式和机制发生了巨大的变化。与传统经济发展时代相比，数字经济时代的现代化市场监管机制，是一种由数据驱动的监管模式。该模式利用大数据、人工智能等先进技术，对市场数据进行实时监控和分析，实现对市场行为的精准监管。该模式通过分析电商平台的数据，能够及时发现和打击假冒伪劣商品的销售行为。而且，该模式还体现在监管手段的智能化，其利用区块链、物联网等技术，实现对商品的全程追溯和监管。

通过在商品上安装智能标签，可以实时追踪商品的生产、流通和消费全过程，确保商品质量安全。同时，我国还拥有网络化的监管平台，通过构建全国统一的监管平台，可以实现政府部门之间的信息共享和协同监管，如通过建立全国统一的食品安全监管平台，能够实现对食品安全问题的统一监管和处理。此外，还需要发动社会化的监管力量，通过鼓励和引导社会力量参与市场监管，形成政府、企业和社会共同参与的监管格局①。

现代化市场监管机制对数字经济发展具有重要意义。通过现代化的市场监管机制，能够及时发现和打击市场违法行为，维护市场秩序，保护消费者权益，为数字经济的发展提供良好的市场环境。现代化的市场监管机制可以防止市场垄断和不正当竞争行为，保障各类市场主体在公平竞争的环境中发展，激发市场活力，推动数字经济的创新和发展。同时，现代化的市场监管机制可以实现对市场行为的实时监控和分析，提高监管效率，减少监管成本，为数字经济的发展提供更加高效的监管支持。此外，现代化的市场监管机制可以提高市场透明度，增强市场参与者的信心，促进数

---

① 冯博，于晓淳. 数字平台行业监管与市场监管的分工与协调 [J]. 理论学刊，2023（2）：107-114.

字经济的发展。

首先，要统一监管规则，加强市场监管行政立法工作，完善市场监管程序，加强市场监管标准化规范化建设，依法公开监管标准和规则。统一监管规则是实现市场监管公平、公正、透明的基础，通过制定统一的监管规则，可以消除地区差异和行业壁垒，确保所有市场主体在相同的规则下公平竞争，有助于构建一个公平、有序的市场环境，为数字经济的健康发展提供制度保障。加强市场监管行政立法工作，可以确保市场监管有法可依，通过制定和完善市场监管相关的法律法规，为市场监管提供明确的执法依据，规范市场主体的行为，保护消费者权益，维护市场秩序。完善市场监管程序，不断提高市场监管的效率和公正性，建立科学的监管程序，可以确保市场监管工作的有序开展，减少监管过程中的随意性和人为干预，提高监管的透明度和公正性。加强市场监管标准化规范化建设，进一步提高市场监管的专业性和规范性，制定和实施统一的监管标准，可以确保市场监管工作的标准化和规范化，提高监管的专业性和规范性，为数字经济的健康发展提供技术支持。依法公开监管标准和规则，不断提高市场监管的透明度和公正性，通过公开监管标准和规则，确保市场主体和消费者了解市场监管的要求和标准，可以提高市场监管的透明度和公正性，增强市场信心。

其次，要强化统一执法，统筹执法资源，减少执法层级，统一执法标准和程序，规范执法行为，减少自由裁量权，促进公平公正执法。强化统一执法意味着在全国范围内实施统一的执法标准和程序，确保所有地区的执法活动遵循相同的规则，避免地方保护主义和执法不公，这有助于构建一个公平、公正、透明的执法环境，为数字经济的健康发展提供法治保障。统筹执法资源以提高执法效率和效果，要求整合各级执法力量，实现执法资源的优化配置，提高执法工作的效率和效果，更好地应对数字经济时代的挑战[①]。减少执法层级可以避免多头执法和重复执法，提高执法效率，通过减少执法层级，简化执法程序，减少执法成本，提高执法工作的效率和效果。制定统一的执法标准和程序，可以确保执法活动的规范性和一致性，减少执法人员的自由裁量权，防止执法不公和滥用职权。规范执法行为是保障执法公正的重要措施，通过加强执法人员的培训和监督，可

---

① 刘子赫，申来津.数据赋能：数据要素市场化的基本格局与培育机制［J］.科技与法律（中英文），2023（3）：47-56.

以提高执法人员的素质和能力，确保执法活动的规范性和公正性，为数字经济的健康发展提供法治保障。减少自由裁量权能够防止执法不公和滥用职权，保障市场主体的合法权益，维护市场秩序，为数字经济的健康发展提供法治保障。

最后，要全面提升监管能力，完善"双随机、一公开"监管、信用监管、"互联网+监管"、跨部门协同监管，加快推进智慧监管，建立健全跨行政区域网络监管协作机制。通过实施随机抽查和公开结果，可以提高监管的公平性和透明度，避免监管过程中的选择性和歧视性。通过随机抽查，可以确保所有市场主体都受到公平的监管，避免监管过程中的偏袒和不公，公开监管结果，可以提高监管的透明度，让市场主体和公众了解监管工作的实际情况，增强市场信心。利用互联网技术，实现监管工作的数字化、智能化，能够提高监管效率和效果。通过互联网平台，可以实现监管信息的实时共享和交流，进一步提高监管的协同性和一致性。利用互联网技术，能够实现对市场行为的实时监控和分析，提高监管的精准性和及时性。

数字经济时代，随着数字技术的不断发展，数字技术赋能监管方式的不断升级，如运用大数据、人工智能、区块链等技术，实现监管工作的智能化和自动化。通过智慧监管，实现对市场行为的实时监控和分析，提高监管的精准性和及时性。智慧监管能够提高监管的效率和效果，减少监管成本，提高监管工作的科学性和系统性等。未来，还要建立跨行政区域网络监管协作机制，实现不同地区之间的信息共享和协作，通过跨行政区域网络监管协作，形成监管合力，加强对市场行为的全面监管，提高监管的针对性和有效性，为数字经济市场主体的发展提供公平竞争的环境。

7.5　加强创新型人才培养，做好新质生产力发展的人才储备

创新型人才的培养不仅关系到国家科技实力的提升，也直接影响新质生产力相关产业的培育和崛起。创新型人才是指能够适应并推动数字技术发展，具备跨学科知识、创新能力、技术技能和未来视野的个体，他们不仅对诸如大数据分析、人工智能、云计算等信息技术十分精通，而且能够

将这些技术与经济学、管理学、设计思维等多领域知识相结合，创造新的商业模式、优化现有流程、解决复杂问题，并在此过程中展现出高度的灵活性和适应性。《国家中长期教育改革和发展规划纲要（2010—2020年）》明确提出，要培养学生的创新精神和实践能力，改革人才培养体制。《新一代人工智能发展规划》强调，加强人工智能领域的人才培养，推动人工智能与教育深度融合，培养具有国际竞争力的创新型人才。

《关于深化人才发展体制机制改革的意见》提出，建立更加开放、灵活的人才培养机制，鼓励和支持人才创新，营造有利于人才成长的环境。《国家创新驱动发展战略纲要》明确提出到2020年进入创新型国家行列、2030年跻身创新型国家前列、到2050年建成世界科技创新强国"三步走"目标，强调了培养和引进高层次创新人才的重要性。综上可以看出，为了推动数字经济和新质生产力的发展，我国积极推出了一系列战略规划和人才培养措施，致力于构建一个全方位、多层次、宽领域的创新型人才培育体系，为数字经济赋能新质生产力发展提供稳定的人才支撑。

人才是新质生产力发展的核心要素，人才的培养对于新质生产力的发展具有重要意义。新质生产力是在新技术、新产业、新业态的推动下，以知识和创新为主要驱动力的新型生产力，而人才作为知识和创新的载体，对新质生产力的发展起着决定性的作用。人才是新质生产力的创新源泉。新质生产力的本质是创新，而人才是创新活动的主要承担者，他们的知识、技能和创造力是推动新技术研发、新产品设计、新服务模式创造的关键。

人才是新质生产力的推动者。新质生产力的发展需要有一批具有前瞻性、跨学科知识和实践能力的人才来推动，这些人才能够将理论知识与实际问题相结合，提出解决方案并推动其实施。人才还是新质生产力的传承者和传播者。新质生产力的发展需要不断进行知识更新和技能提升，而人才在这个过程中起着传承和传播的作用，他们通过教育、培训、合作等方式，将新知识、新技能传授给更多的人，扩大新质生产力的影响力和范围。人才还是新质生产力的引领者。新质生产力的发展往往伴随着产业结构的调整和升级，而人才是引领这一过程的关键，他们通过创新创业活动，推动新兴产业的发展，促进传统产业的转型升级。

7.5.1 完善创新型人才培养机制

一是要在全社会大力弘扬科学精神。科学精神是创新型人才培养的基础，弘扬科学精神是提高全民科学素质的前提和保证。未来，推动数字经济赋能新质生产力发展需要全社会通过媒体、教育、文化活动等多种方式，弘扬科学精神，形成尊重知识、崇尚创新的社会氛围，通过对科学的理性精神、求实精神和创新精神的宣传，在全社会形成尊重科学、尊重人才、鼓励创新的良好环境和氛围。推动数字经济赋能新质生产力的发展，要从基础教育阶段开始，强化科学教育，培养学生的科学兴趣和探索精神，利用数字技术，如在线课程、虚拟实验室等，让科学教育更加普及和便捷。推动数字经济赋能新质生产力的发展，还要不断鼓励科研机构与企业合作，将科研成果转化为实际应用，让学生从小在实践中体验科学的力量，激发他们的创新潜能。学校要通过各类课程与思想政治课程融会贯通，形成协同效应，引导新一代年轻人树立正确的世界观、人生观和价值观，学会科学思考，坚定科学精神，努力为国家的发展、社会的进步攻坚克难、勇攀高峰。

二是要坚持高等教育供给侧结构性改革。新质生产力的不断培育和发展，伴随的是对高层次、创新型人才要求的提高和需求的增加，我国高等院校应尽快适应这一趋势并根据新质生产力的发展需求及时调整和布局专业发展方向和着力点，实施专业结构调整优化和内涵提升，提高人才培养与社会需要的匹配度[①]。高等教育机构要定期更新课程体系，引入数字经济相关的新课程，如人工智能、大数据分析、物联网等，确保教学内容与行业发展同步，适时对接战略性新兴产业和未来产业发展需要，加快推进现代信息技术与文科专业、文科与理工农医科的深度融合，及时更新教育模式与方法，采用案例教学、项目驱动、翻转课堂等教学方法，鼓励学生主动学习和实践，培养他们的创新能力和解决实际问题的能力。同时，高等教育机构还要加强与企业、科研机构的合作，建立产学研一体的人才培养模式，为学生提供实习、实训和参与科研项目的机会，增强他们的实践经验和创新能力。

三是要着力培养创新拔尖人才。创新拔尖人才是劳动者群体的"排头兵"，是加快形成新质生产力最具战略性的人才资源。政府要不断根据新质生产力发展的需求，做好人才培养的顶层设计，科学布局我国人才发展的战略规划，积极出台相关具体的人才培养政策，前瞻性地制定和实施我

---

① 彭树涛.建设高质量高等教育供给体系：逻辑、问题与路径［J］.上海交通大学学报（哲学社会科学版），2023（7）：141-154.

国创新拔尖人才战略规划，完善"揭榜挂帅""赛马""闯关"等各项制度安排。高等院校要积极发挥人才培养主体功能，在进行人才培养过程中，要科学识别和选拔具有创新潜力的学生，为他们提供个性化的培养方案，包括跨学科学习、国际交流、创新项目支持等。高等院校还要深化科学研究与人才培养协作机制，整合科研资源、教育资源、行业资源、社会资源、国际资源，培养一批站在国际前沿的创新拔尖人才。此外，高等院校还要建立创新实验室、创业孵化器等平台，为学生提供创新实践的空间和资源，通过创新竞赛、创业项目等方式，激发学生的创新热情和创业精神，打破人才培养的传统路径依赖和学科壁垒，探索学科交叉融合和竞赛竞技育人的人才培养新模式。

7.5.2　深化创新型人才评价机制和引进机制改革

数字经济时代，在推进新质生产力的发展过程中，建立科学有效的人才评价系统非常关键。这一评价体系应具有以下重要特征：①动态性和适应性。数字经济环境下，技术和市场变化迅速，人才评价系统应具有足够的动态性，能够及时反映这些变化，并对评价标准和方法进行相应调整。②多元化和全面性。评价标准应涵盖多方面的能力，如创新能力、技术技能、团队合作、商业洞察力等，以全面评估人才的综合素质。③客观性和公正性。评价过程应尽可能客观和透明，减少主观偏见，确保评价结果的公正性。④激励性和引导性。评价系统不仅要能够识别和奖励优秀人才，还应能够激励人才不断提升自我，引导他们的职业发展。⑤数据驱动和智能化。评价系统能够利用大数据和人工智能技术，对人才的表现和成果进行量化分析，从而提高评价的准确性和效率。

要构建和完善人才评价系统，要从以下几点着手：第一，明确评价目标和标准。根据数字经济的特点和新质生产力的发展需求，明确评价系统的目标和标准，确保评价结果与组织战略和市场需求相匹配。第二，设计多元化的评价指标。设计包括定量和定性指标在内的多元化评价体系，如工作业绩、创新能力、学习成长、团队贡献等。第三，建立评价数据收集和处理机制。通过问卷调查、绩效评估、同行评审、数据分析等方式，收集评价所需的数据，并利用大数据和人工智能技术进行高效处理和分析。第四，实施动态评价和反馈机制。定期进行人才评价，及时提供反馈，帮助人才了解自己的表现和改进方向，同时也为组织提供人才发展的依据。

第五，强化评价系统的透明度和公正性。这一指标是为了确保评价过程的透明度，让被评价者了解评价的标准和流程，同时通过多方面的评价和监督，减少主观偏见，提高评价的公正性。第六，结合评价结果进行人才管理。根据评价结果，进行人才激励、培养、流动和配置，确保人才的最大化利用和组织的持续发展，通过构建这一灵活性、系统性的人才评价体系，能够更好满足新质生产力发展的多样化创新人才需要。

新质生产力创新型人才培养的重要一环是完善人才引进机制。数字经济是全球化的经济，创新型人才引进机制应具有开放性和包容性，能够吸引来自不同国家、不同文化背景的人才。发展数字经济需求精准定位所需人才，如大数据分析师、人工智能专家、网络安全专家等，实现人才的精准匹配和引进[①]。发展新质生产力要求创新型人才引进机制具有足够的灵活性和动态性，能够及时调整引进策略和渠道。在引进人才时，不仅要考虑其专业技能和经验，还要考虑其创新能力、团队合作能力、学习能力和适应能力等，确保引进的人才能够全面发展。要为新质生产力创新型人才提供具有竞争力的薪酬福利、良好的工作环境和发展机会，激发引进人才的积极性和创造力，保障其合法权益。

未来，要不断完善我国的人才引进机制，首先，要优化引才政策和环境，制定开放灵活的引才政策，如提供工作签证、居留权、税收优惠等，吸引国际优秀创新人才。其次，通过国际人才市场等方式实现人才的多元化引进，提高引才效率和质量，并强化精准引才需求分析，根据数字经济的发展需求，明确所需人才的专业领域、技能水平和经验要求，实现人才的精准匹配。再次，还要提供全面的引才服务和支持，为引进人才提供职业发展指导、语言培训、文化交流等，帮助其快速适应和融入。最后，要建立动态评估和反馈机制，对引进人才的表现和贡献进行定期评估和反馈，了解其需求和问题，及时调整引才策略和服务，提高引才效果和满意度。通过上述措施进一步构建更加开放、包容和活跃的创新生态，助力新质生产力的持续发展。

7.5.3 营造科技人才良性发展的生态环境

第一，营造"尊重人才"的社会环境。"尊重人才"的社会环境能够

---

① 吴画斌，许庆瑞，陈政融. 数字经济背景下创新人才培养模式及对策研究 [J]. 科技管理研究，2019（8）：116-121.

激发人才的创新潜能和工作热情，使他们更加积极地投入科技创新活动中。当人才所创造的价值和贡献被社会认可和尊重时，他们更愿意发挥自己的专业能力和创造力，推动科技创新的发展。在一个尊重人才的社会环境中，人才能够获得更好的发展机会和待遇，享受到公平竞争和公正评价的机会，这有助于形成人才聚集效应，为科技创新提供强大的人才支持。此外，尊重人才还有助于促进人才之间的合作与交流，在一个尊重人才的社会环境中，人才之间的合作与交流会更加顺畅和高效，他们能够更好地分享知识、经验和资源，形成创新的协同效应，推动科技创新的加速发展。这就需要政府制定相关政策，提供良好的工作条件和发展机会，保障人才的合法权益，给予人才应有的尊重和待遇。另外，还需要通过媒体、公共活动等渠道，加强对人才的正面宣传和报道，提高社会对人才的认可和尊重。

第二，加强教育和培训，培养人们尊重人才的意识。培养创新型人才，需要通过建立公正的评价和激励机制，建立科学有效的人才评价体系，公正地评价人才的工作和贡献，给予他们应有的认可和奖励，激发他们的积极性和创造力。同时，也需要提供良好的职业发展机会和培训机会，帮助人才不断提升自己的能力和素质，实现个人价值和社会价值的双重提升。总之，营造"尊重人才"的社会环境，能够为科技创新提供有力的人才支持，推动经济社会的持续发展和进步。

第三，完善人才培养使用、合理流动的工作机制，优化长效激励机制，为人才成长和发展提供宽松环境和广阔空间。要全面创造良好的创新创业环境，激发科技人才创新活力，围绕重点核心技术攻关领域，依托重大项目组建专项科研团队，给予充分研究和财务自主权。建立内部流动机制，鼓励人才跨部门、跨地区流动，以促进知识共享和创新思维的传播。制定支持人才流动的政策，如提供流动期间的保障措施、解决家庭安置等问题，降低人才流动的顾虑。与高校、研究机构、企业等建立合作网络，为人才提供更广阔的发展平台和合作机会。建立以成果为导向的激励机制，鼓励人才创新和取得成果，加大对承担前瞻性、战略性、基础性等重点科技任务的人才激励力度，重视以知识价值、能力和创造为导向的收入分配政策[①]。此外，还要定期对人才的绩效进行评估和反馈，提供持续激

---

① 陈景彪. 我国科技创新人才体制机制的改革与完善 [J]. 行政管理改革，2022 (9)：53-61.

励，进一步优化人才发展方向和改进方向。要注重营造开放包容的创新文化氛围，树立创新价值观，让创新成为组织文化核心，鼓励员工勇于尝试、敢于挑战。通过建立多元化沟通机制，搭建交流平台，促进知识分享和思想碰撞，形成开放式讨论氛围。同时，还要培养团队合作精神，倡导协作共赢，让不同领域、背景的人才在团队中发挥各自优势，共同推动创新，为新质生产力发展注入源源不断的活力。

7.6　坚持开放和合作共赢，打造全球化开放创新生态

随着数字经济不断发展和新一轮产业革命和技术革命机遇期的到来，我国越来越重视开放创新生态的建设。不断加大高水平对外开放力度，持续以更加开放的思维和举措推进国际科技交流合作，建设具有全球竞争力的开放创新生态，同各国携手打造开放、公平、公正、非歧视的科技发展环境，已经成为我国发展科技创新的重要思路和共识。形成开放创新生态是新形势下释放国际科技交流合作潜力、推动建立以合作共赢为核心的新型国际关系的重要支撑，也是我国积极参与全球治理、融入全球创新网络、支撑国家外交战略实施的有效途径。坚持开放和合作共赢，打造全球化开放创新生态有助于促进国际科技交流与合作，加速科技创新和人才培养，推动新技术、新产业、新业态的快速发展。同时，它也能促进创新要素的自由流动和最优配置，提高创新效率，降低创新成本，推动高质量发展。全球化开放创新生态还能促进各国的互利共赢合作，推动全球经济的持续繁荣和稳定发展。

我国在建设具有全球竞争力的开放创新生态方面出台了一系列政策和措施。2024 年政府工作报告强调了开放创新生态的重要性，并将其作为国家发展策略的一部分，强调要加强国际科技交流合作，提升国家的科技创新能力。党的二十大报告指出，要形成具有全球竞争力的开放创新生态，包括扩大国际科技交流合作，加强国际化科研环境建设，促进创新要素的自由流动和最优配置，以增强我国引领信息、技术、知识和人才等全球流动的能力，积极参与全球创新网络，实现共同发展①。为了构建具有全球

---

① 习近平. 高举中国特色社会主义伟大旗帜 为全面建设社会主义现代化国家而团结奋斗：在中国共产党第二十次全国代表大会上的报告 [N]. 人民日报，2022-10-26 (01).

竞争力的开放创新生态，我国还强调了保护外资企业知识产权的重要性，并鼓励外资企业融入国内创新体系，包括提供高标准知识产权保护，以及鼓励和支持知名跨国企业、国际顶级科研机构等在华设立研发中心或搭建开放创新平台。

我国已经加快推动创新要素自由流动，并试点开展科研用物资跨境自由流动改革。推动创新要素，如科技论文、专利、资金、科研数据等自由流动。对于外资企业而言，此举可以减少研发活动的成本投入，提高企业研发便利度。目前，我国已与160多个国家和地区建立了科技合作关系，签订了116个政府间科技合作协定，与有关国家建立了十大创新对话机制，与非洲、东盟、拉美等建立了七大科技伙伴计划。我国深入实施"一带一路"科技创新行动计划，积极推进科技人文交流、共建联合实验室、科技园区合作和技术转移中心建设。我国统筹谋划布局北京、上海、粤港澳大湾区国际科技创新中心建设，在区域层面不断加强国际创新平台条件建设和国际科技创新软环境建设。未来，随着科技和经济不断发展，我国还要不断完善开放创新生态建设，为建设具有全球竞争力的开放创新生态贡献中国智慧。

7.6.1 完善国际科技创新合作交流的顶层设计

国际科技创新合作体系是一个多层次、功能互补的体系，需要从多方面入手进行构建和完善。在国家层面，要制定具有前瞻性的国际科技合作战略，明确合作重点领域和目标，以及相应的支持政策和措施，通过建立国际科技合作专项基金，支持科技人才国际交流和合作研究项目，为国际科技合作提供必要的财政和政策支持。同时，还要推动国家层面与地方层面的有效联动，形成区域性的国际科技合作网络。地方层面可以根据自身的科技和产业优势，与国家层面的科技合作战略相对接，推动具有地方特色的国际科技合作项目。地方层面还可以通过建立国际科技合作园区、科技企业孵化器等形式，为科技人才提供更加专业化和国际化的工作环境。

要推动创新链、产业链、资金链和人才链的深度融合，形成科技人才发展的良好生态系统[①]。这就需要科技、教育、产业、金融等各个部门的紧密合作，共同推动科技人才的培养、流动和使用。可以通过建立科技人

---

① 韩少杰，苏敬勤. 数字化转型企业开放式创新生态系统的构建：理论基础与未来展望 [J]. 科学学研究，2023（2）：335-347.

才数据库，实现科技人才信息的共享和流动，提高科技人才的利用效率。此外，还要培育有利于科技人才发展的创新政策、法律、文化和社会环境。这包括制定和完善科技人才政策，保护科技人才的合法权益，营造尊重知识、尊重人才的良好社会氛围，以及提供高质量的科技教育资源，培养具有国际视野和创新能力的高素质科技人才。总之，完善国际科技交流合作的顶层设计和统筹协调，需要从战略规划、政策支持、区域联动、生态系统和社会环境等多个方面入手，形成多层次、功能互补的科技人才国际化资助体系，以推动我国科技人才的发展和科技创新能力的提升。

7.6.2 推动全球创新要素加速流动和精准匹配

全球化的开放生态的另一重要作用是加速创新要素在全球的流动效率。达成这一目标，首先要开发符合国际评审与管理要求的业务信息管理系统，实现科技管理的信息化和智能化，建立科技项目管理数据库，实现项目申报、评审、管理和评估的电子化和自动化，提高管理效率和质量。同时，建立科技人才数据库，实现科技人才信息的多维度收集、分析和共享，提高科技人才的匹配度和使用效率。其次，加强科技管理部门国际事务培训和人才队伍建设，提升国际科技合作管理队伍的专业化和国际化水平[①]。定期举办国际科技合作培训班，提高管理人员的国际视野和专业素养，以及引进具有国际科技管理经验的高端人才，提升管理队伍的整体素质。要加大出国人员资助力度，为在国外开展国际合作交流、生活、子女教育等提供全面支撑，通过提供出国留学奖学金、访问学者资助、国际会议资助等，降低出国人员的经济压力，提高其国际交流的积极性和效果。最后，依托重大科技基础设施、联合实验室、研究中心、科技园区等平台，吸引优秀人才来华工作，推动形成更大范围、更宽领域、更深层次的科技开放合作格局，有效融入全球科技创新网络。通过建立国际科技合作基地，提供国际一流的研究设施和环境，以及建立国际科技合作项目，可以吸引国际顶尖科技人才共同开展研究。总体来说，推动全球创新要素加速流动和精准匹配，需要从信息化管理、人才队伍建设、出国人员资助和国际科技合作平台等多个方面进行综合施策，以实现科技资源的优化配置和科技人才的精准匹配，提升我国科技创新的国际竞争力。

---

① 高洪玮. 新阶段打造开放创新生态：发展进程、时代要求与战略应对 [J]. 经济学家，2024（3）：77-86.

7.6.3　推动完善网络空间国际规则

以数字技术为主的数字经济赋能新质生产力发展中，离不开网络空间国际规则。推动完善网络空间国际规则，需要遵循联合国宪章的基本原则，以联合国为主要渠道，制定更加平衡、反映各方利益关切，特别是广大发展中国家利益的网络空间国际规则。公平合理的规则不但有利于推动我国数字经济发展，还有利于全球共享发展成果①。我国要积极参与联合国框架下的网络空间国际规则制定，提出符合我国及广大发展中国家利益的政策主张，推动建立公正、公平、开放、透明的网络空间国际规则体系。同时，我国还可以通过举办国际研讨会、论坛等形式，加强与其他国家在网络空间国际规则制定方面的交流与合作。

我国还要加强与其他国家在数字生态领域的政策协调，共同推动制定数据安全、数字货币、数字税收等方面的国际规则和数字技术标准，在多边和双边层面加强沟通与协商，推动形成具有普遍共识的国际规则，以促进数字经济的健康发展。此外，我国还应推动建立更加公正合理的互联网基础资源分配机制，实现网络空间资源共享、责任共担、合作共治，包括支持多边机构在国际互联网治理中的作用，推动互联网名称与数字地址分配机构（ICANN）等国际组织改革，提高发展中国家在互联网资源分配和治理中的话语权。此外，我国还要积极参与国际网络空间治理，推动构建网络空间命运共同体，包括支持国际社会在网络安全、信息共享、打击网络犯罪等方面的合作，共同维护网络空间的和平、安全、繁荣和稳定。

7.6.4　建立国际科技创新合作联盟

通过鼓励和支持国内外的科研机构、高校、企业等建立国际创新合作联盟，可以进一步促进资源共享、信息交流和技术合作，推动创新成果的快速转化和应用。国际科技创新合作联盟能够集中各方的优势资源，共同攻克关键技术，推动前沿技术的研发和应用，也有助于推动国际科技合作的制度化、常态化，为全球创新生态的建设提供更加稳定的合作平台。要建立起一个目标明确、运作高效、互利共赢的国际创新合作联盟，首先要与国家的科技发展战略和产业需求相结合，明确联盟的目标和聚焦的领

---

① 吴才毓. 网络空间国际治理政策法律：国际组织与规则探究［J］. 政法学刊，2022（6）：117-125.

域。聚焦于具有前沿性的科技领域，如人工智能、生物科技、新能源、量子技术等，共同研发关键技术，推动创新成果的转化和国际化科技人才的培养。

　　在选择创新联盟合作成员时，首先，要选择与联盟目标相契合的国家或组织，基于其科技实力、合作意愿、资源互补性以及在国际上的影响力选择合适的合作伙伴，这些合作伙伴可以是国际知名的科研机构、高校、企业或行业协会。其次，还要明确联盟的运作机制、决策流程、资源共享方式、知识产权分配等关键事项，设立联盟的管理机构，负责日常运作和协调工作，确保联盟的高效运行。再次，还要建立联盟的合作平台，如联合实验室、研究中心、技术转移中心等，为联盟成员提供物理空间和设施，促进成员间的交流与合作。最后，利用现代信息技术，建立虚拟的合作平台，如在线论坛、数据库、远程会议系统等，方便成员间的信息交流和资源共享，还要提供相应的项目和资金支持，推动创新合作的稳定运行。

参考文献

［1］马克思，恩格斯. 马克思恩格斯选集：第 1 卷［M］. 中共中央马克思恩格斯列宁斯大林著作编译局，译. 北京：人民出版社，2021.

［2］马克思，恩格斯. 马克思恩格斯选集：第 2 卷［M］. 中共中央马克思恩格斯列宁斯大林著作编译局，译. 北京：人民出版社，2012.

［3］马克思，恩格斯. 马克思恩格斯选集：第 3 卷［M］. 中共中央马克思恩格斯列宁斯大林著作编译局，译. 北京：人民出版社，2012.

［4］马克思，恩格斯. 马克思恩格斯文集：第 1 卷［M］. 中共中央马克思恩格斯列宁斯大林著作编译局，译. 北京：人民出版社，2009.

［5］马克思，恩格斯. 马克思恩格斯文集：第 2 卷［M］. 中共中央马克思恩格斯列宁斯大林著作编译局，译. 北京：人民出版社，2009.

［6］马克思，恩格斯. 马克思恩格斯文集：第 3 卷［M］. 中共中央马克思恩格斯列宁斯大林著作编译局，译. 北京：人民出版社，2009.

［7］马克思，恩格斯. 马克思恩格斯全集：第 23 卷［M］. 中共中央马克思恩格斯列宁斯大林著作编译局，译. 北京：人民出版社，1972.

［8］马克思，恩格斯. 马克思恩格斯全集：第 31 卷［M］. 中共中央马克思恩格斯列宁斯大林著作编译局，译. 北京：人民出版社，1972.

［9］毛泽东. 毛泽东文集：第 7 卷［M］. 北京：人民出版社，1999.

［10］毛泽东. 毛泽东文集：第 8 卷［M］. 北京：人民出版社，1999.

［11］邓小平. 邓小平文选：第 2 卷［M］. 北京：人民出版社，1994.

［12］邓小平. 邓小平文选：第 3 卷［M］. 北京：人民出版社，1993.

［13］江泽民. 江泽民文选：第 3 卷［M］. 北京：人民出版社，2006.

［14］胡锦涛. 胡锦涛文选：第 2 卷［M］. 北京：人民出版社，2016.

［15］胡锦涛. 坚持走中国特色自主创新道路 为建设创新型国家而努

力奋斗：在全国科学技术大会上的讲话［M］.北京：人民出版社，2006.

［16］习近平.习近平著作选读：第 1 卷［M］.北京：人民出版社，2023.

［17］习近平.习近平著作选读：第 2 卷［M］.北京：人民出版社，2023.

［18］盖凯程，韩文龙.新质生产力［M］.北京：中国社会科学出版社，2024.

［19］蒋永穆，马文武.新质生产力如何看？怎么办？［M］.北京：中国经济出版社，2024.

［20］奈斯比特.大趋势：改变我们生活的十个趋势［M］.孙道章，译.北京：新华出版社，1984.

［21］贝尔纳.科学的社会功能［M］.陈体芳，译.桂林：广西师范大学出版社，2003.

［22］习近平.在经济社会领域专家座谈会上的讲话［N］.人民日报，2020-08-25（01）.

［23］曲永义.把握科技革命和产业变革机遇的战略选择［N］.经济日报，2023-10-24（04）.

［24］刘玲玲，沈小晓，颜欢.全球绿色产业加速发展［N］.人民日报，2022-03-02（15）.

［25］茶洪旺.发展新质生产力须充分发挥创造性破坏机［N］.中国经济时报，2024-04-19（A02）.

［26］聚焦新兴产业 8 个领域和未来产业 9 个领域：为新产业定标准促发展［N］.人民日报，2024-01-03（03）.

［27］陈清.深刻把握发展新质生产力的实践要求［N］.中国社会科学报，2024-04-24（04）.

［28］蒋华栋：全球半导体竞争加速区域化重塑［N］.经济日报，2024-05-27（05）.

［29］李晓平，刘航.赋能企业数字化让制造变"智造"［N］.厦门日报，2022-12-26（09）.

［30］王昊男，吕中正.我国科技成果转化规模显著提升［N］.人民日报，2023-05-28（02）.

［31］陈维城.信通院何宝宏：数据基础设施建设有望推动产业技术新

一轮融合 [N]. 新京报, 2023-11-24 (05).

[32] 张震宇. 进一步优化与完善科技创新体制机制 [N]. 人民政协报, 2023-09-04 (06).

[33] 朱丹. 加强知识产权司法保护 促进新质生产力发展 [N]. 人民法院报, 2024-04-25 (03).

[34] 姜佩杉: 以高水平知识产权审判工作保障新质生产力加快发展 [N]. 人民法院报, 2024-03-28 (08).

[35] 习近平. 高举中国特色社会主义伟大旗帜 为全面建设社会主义现代化国家而团结奋斗: 在中国共产党第二十次全国代表大会上的报告 [N]. 人民日报, 2022-10-26 (01).

[36] 姚树洁, 张小倩. 新质生产力的时代内涵、战略价值与实现路径 [J]. 重庆大学学报 (社会科学版), 2024 (1): 112-115.

[37] 高帆. "新质生产力" 的提出逻辑、多维内涵及时代意义 [J]. 政治经济学评论, 2023, 14 (6): 127-145.

[38] 许恒兵. 新质生产力: 科学内涵、战略考量与理论贡献 [J]. 南京社会科学, 2024 (3): 1-9.

[39] 王勇. 深刻把握新质生产力的内涵、特征及理论意蕴 [J]. 人民论坛, 2024 (6): 8-10.

[40] 姜长云. 新质生产力的内涵要义、发展要求和发展重点 [J]. 西部论坛, 2024, 34 (2): 9-15.

[41] 贾若祥, 窦红涛. 新质生产力: 内涵特征重大意义及发展重点 [J]. 北京行政学院学报, 2024 (2): 31-32.

[42] 胡莹, 方太坤. 再论新质生产力的内涵特征与形成路径: 以马克思生产力理论为视角 [J]. 浙江工商大学学报, 2024 (2): 39-51.

[43] 邓洲, 吴海军, 杨登宇. 加速工业领域新质生产力发展: 历史、特征和路径 [J]. 北京工业大学学报 (社会科学版), 2024 (4): 107-117.

[44] 郭万超. 论新质生产力生成的文化动因: 构建新质生产力文化理论的基本框架 [J]. 山东大学学报 (哲学社会科学版), 2024 (4): 25-34.

[45] 梁立启, 陈琦. 体育新质生产力的理论向度与实践进路 [J]. 广州体育学院学报, 2024 (4): 1-9, 26.

[46] 王静华, 刘人境. 乡村振兴的新质生产力驱动逻辑及路径 [J]. 深圳大学学报 (人文社会科学版), 2024, 41 (2): 16-24.

［47］杨道涛.全面把握数字经济的丰富内涵与实践价值［J］.江苏社会科学，2023（4）：114-121.

［48］欧阳日辉.数字经济的理论演进、内涵特征和发展规律［J］.广东社会科学，2023（1）：25-35.

［49］周文，叶蕾.新质生产力与数字经济［J］.浙江工商大学学报，2024（2）：17-28.

［50］翟绪权，夏鑫雨.数字经济加快形成新质生产力的机制构成与实践路径［J］.福建师范大学学报（哲学社会科学版），2024（1）：44-55.

［51］丹尼尔·伯斯坦，戴维·克莱恩.征服世界 数字化时代的现实与未来［M］.吕传俊，译.北京：作家出版社，1998：290-293.

［52］王天夫.数字时代的社会变迁与社会研究［J］.中国社会科学，2021（12）：73-88.

［53］江小涓.数字时代的技术与文化［J］.中国社会科学，2021（8）：4-34.

［54］李政，廖晓东.发展新质生产力的理论、历史和现实三重逻辑［J］.政治经济学评论，2023（6）：146-159.

［55］贾若祥，窦红涛.新质生产力：内涵特征、重大意义及发展重点［J］.北京行政学院学报，2024（2）：31-42.

［56］李三希，武玙璠，李嘉琦.数字经济与中国式现代化：时代意义、机遇挑战与路径探索［J］.经济评论，2023（2）：3-14.

［57］赵峰，季雷.新质生产力的科学内涵、构成要素和制度保障机制［J］.学术与探索，2024（1）：92-101，175.

［58］周文，许凌云.论新质生产力：内涵特征与重要着力点［J］.改革，2023（10）：1-13.

［59］王宇.以新促质：战略性新兴产业与未来产业的有效培育［J］.人民论坛，2024（2）：32-35.

［60］韩喜平，马丽娟.发展新质生产力与推动高质量发展［J］.思想理论教育，2024（4）：4-11.

［61］唐要家，唐春晖.数字产业化的理论逻辑、国际经验与中国政策［J］.经济学家，2023（10）：88-97.

［62］任保平，王子月.数字新质生产力推动经济高质量发展的逻辑与路径［J］.湘潭大学学报（哲学社会科学版），2023（6）：23-30.

[63] 廖杉杉，鲁钏阳，李瑞琴.数字经济发展促进产业结构转型升级的实证研究［J］.统计与决策，2024（3）：29-34.

[64] 罗爽，肖韵.数字经济核心产业集聚赋能新质生产力发展：理论机制与实证检验［J］.新疆社会科学，2024（2）：29-40.

[65] 崔云.数字技术促进新质生产力发展探析［J］.世界社会主义研究，2023（12）：97-109.

[66] 李莉.美国的印太数字经济外交：推进与前景［J］.印度洋经济体研究，2022（2）：1-18.

[67] 欧阳菲.日本企业永续经营之道［J］.清华管理评论，2014（4）：52-58.

[68] 刘海军，翟云.数字时代的新质生产力：现实挑战、变革逻辑与实践方略［J］.党政研究，2024（3）：45-56.

[69] 王雅洁.加快形成新质生产力：关键环节、风险挑战与实现路径［J］.内蒙古社会科学，2024（2）：141-148.

[70] 魏江，刘嘉玲，刘洋.新组织情境下创新战略理论新趋势和新问题［J］.管理世界，2021（7）：182-197.

[71] 李万，常静，王敏杰，等.创新3.0与创新生态系统［J］.科学学研究，2014（12）：1761-1770.

[72] 孙艳.欧盟开放创新生态系统：理论、政策与启示［J］.国际经济合作，2024（1）：73-84.

[73] 贺佳.数字经济对高校科技成果转化效率的影响［J］.河北大学学报（哲学社会科学版），2024（1）：134-146.

[74] 黄贵，陶如.RCEP缔约国数据跨境流动政策的数字生产力基础及其影响：以数字融合指数为参照［J］.中国科学院院刊，2023（8）：1168-1176.

[75] 宋华盛，周建军.跨境数据流动监管难题及应对之策［J］.国家治理，2024（7）：68-73.

[76] 金键.工业互联网是新型工业化的战略性基础设施［J］.通信世界，2023（20）：19-20.

[77] 黄伟庆.数字经济循环中的数据流通与确权：基于平台治理视角的规范化展开［J］.改革与战略，2024（5）：53-68.

[78] 唐要家.数字经济赋能高质量增长的机理与政府政策重点［J］.

社会科学战线，2020（10）：61-67.

［79］唐要家，马中雨.数据监管制度框架与体系完善［J］.长白学刊，2023（6）：100-107.

［80］侯剑华，郑碧丽，李文婧.基础研究支撑教育、科技、人才"三位一体"发展战略探讨［J］.中国科学基金，2024（2）：238-247.

［81］由雷，尹志欣，朱姝.关键核心技术的异质性研究：基于创新主体、创新动力与创新模式的视角［J］.科学管理研究，2024（1）：21-29.

［82］杨思莹.政府推动关键核心技术创新：理论基础与实践方案［J］.经济学家，2020（9）：85-94.

［83］高小龙，张志新，程凯.知识产权保护、全球价值链嵌入与技术创新的互动效应研究［J］.宏观经济研究，2023（2）：102-117.

［84］黄紫微，胡登峰.加快推进关键核心技术攻关研究［J］.中国高校社会科学，2024（1）：70-75.

［85］王海军.关键核心技术创新的理论探究及中国情景下的突破路径［J］.当代经济管理，2021（6）：43-50.

［86］程惠芳，刘卓然，洪晨翔.科技创新投入、知识产权保护与经济高质量发展［J］.浙江社会科学，2023（9）：22-30.

［87］张壹帆，陆岷峰.科技金融在新质生产力发展中的作用与挑战：理论框架与对策研究［J］.社会科学家，2024（4）：52-59.

［88］任保平.以数字新质生产力的形成全方位推进新型工业化［J］.人文杂志，2024（3）：1-7.

［89］刘友金，冀有幸.发展新质生产力须当拼在数字经济新赛道［J］.湖南科技大学学报（社会科学版），2024（1）：89-99.

［90］徐晓明，杜何颜.数实融合助力制造业数字化转型的路径探析［J］.行政管理改革，2024（2）：57-65.

［91］李治国，王杰.数字经济发展、数据要素配置与制造业生产率提升［J］.经济学家，2021（10）：41-50.

［92］任保平.我国产业互联网时代的新特征及其发展路径［J］.人民论坛，2021（1）：66-68.

［93］郑英隆，李新家.新型消费的经济理论问题研究：基于消费互联网与产业互联网对接视角［J］.广东财经大学学报，2022（2）：4-14.

［94］王岭.数字经济时代中国政府监管转型研究［J］.管理世界，

2024（3）：110-126.

　　［95］殷利梅，何丹丹，王梦梓，等.打造具有竞争力的数字产业集群［J］.宏观经济管理，2024（2）：28-35.

　　［96］彭艺璇.习近平关于法治化营商环境重要论述的核心意涵和实践进路［J］.中南民族大学学报（人文社会科学版），2024（4）：161-169.

　　［97］袁莉.新发展格局下我国民营经济营商环境的优化策略［J］.改革，2024（1）：111-120.

　　［98］刘子赫，申来津.数据赋能：数据要素市场化的基本格局与培育机制［J］.科技与法律（中英文），2023（3）：47-56.

　　［99］陈景彪.我国科技创新人才体制机制的改革与完善［J］.行政管理改革，2022（9）：53-61.

　　［100］高洪玮.新阶段打造开放创新生态：发展进程、时代要求与战略应对［J］.经济学家，2024（3）：77-86.

　　［101］吴才毓.网络空间国际治理政策法律：国际组织与规则探究［J］.政法学刊，2022（6）：117-125.

后记

数字经济通过信息技术的创新应用，推动生产要素的数字化、网络化、智能化，实现资源配置优化、生产效率提升，从而为新质生产力的发展提供强大动力，促进经济社会全面转型升级。数字经济的发展不仅仅是一场技术革命，更是人类文明进程中的一场深刻变革。数字经济作为一种新兴的经济形态，其对社会生产力的深刻影响让我深感研究的必要性和紧迫性。在本书撰写过程中，我不只是一名研究者，更是一名学习者。在本书完稿之际，我感慨万分。从选题立意到研究深入，再到笔耕不辍，这本书的写作过程充满了挑战，同时也见证了我的思考与成长。

在此，我想对一路走来给予我帮助与支持的人们表示衷心的感谢。首先，我要感谢我的导师张小军教授，感谢您在本书研究思路和研究方法上给予我宝贵的指导，使我受益匪浅。其次，我要感谢中共四川省委省直机关党校郝儒杰教授，感谢您在本书的研究和撰写过程中提供的宝贵指导意见和帮助，使得这本书能够顺利完成和出版。再次，我要感谢西南财经大学出版社的乔雷老师，从最初的稿件审阅，到后续的修改完善，再到最终的排版设计，您都以极高的专业素养和敬业精神投入其中，正是您的细致工作，使得本书得以顺利出版。最后，我要感谢我的家人，是你们的理解和支持让我能够全身心地投入这本书的撰写中。特别要感谢我的爱人纪磊博士，在漫长的写作过程中，你的陪伴和支持成为我最大的动力，你的鼓励和包容，让我能够没有后顾之忧地投入学术研究中，这本书也凝聚着你的付出和期待。

"路漫漫其修远兮，吾将上下而求索。"数字经济是一个不断发展的领域，本书的研究成果仅是冰山一角。在未来的研究中，我将继续在学术研究的道路上不懈前行，不断深化对数字经济领域的学习与探索。此外，由于笔者水平有限，书中难免有疏漏或不妥之处，在此，我诚恳地邀请各位读者和学界同仁不吝赐教，给予批评和指正。

屈娇

2024 年 8 月 20 日